KB059801

동북아시아 영토문제, 어떻게 해결할 것인가

동북아시아 영토문제,

어떻게 해결할 것인가

대립에서____대화로

와다 하루키 지음
임경택 옮김

사□□계절

일러두기

1. 인명과 지명의 외래어 표기는 국립국어원의 외래어 표기법에 따랐다.
2. 본문에 나오는 지명 중 저자가 '다케시마竹島=독도獨島' '다케시마竹島'라고 표기한 부분은 저자와 협의하여 한국어판에서는 '독도=다케시마' '다케시마(독도)'로 표기했으며, 지도에서 '일본해'는 '동해(일본해)'로 표기했다. 다만 저자가 '독도'로 표기한 부분은 그대로 두었다.
3. '~島'라고 표기한 부분은 모두 '~섬'으로 옮겼다(擇捉島→'에토로후 섬'). 단, '釣魚島'의 경우 '댜오위 섬'이라 표기하지 않고, 주로 통용되는 '댜오위다오'로 표기했다.
4. 원서에 '쿠릴 제도' '센카쿠 제도'라고 표기한 부분은 국립국어원의 표기법에 따라 '쿠릴 열도' '센카쿠 열도'로 표기했다. '하보마이 제도'도 일반적으로 통용되는 '하보마이 군도'로 일괄 표기했다. 다만 '센카쿠=댜오위 제도'는 원서 그대로 표기했다.
5. 본문의 각주는 옮긴이가 이 책의 이해를 돕기 위해 붙인 주석이다.
6. 책·신문·잡지는「」, 논문이나 신문기사 제목은「」, 훈령이나 공문은〈 〉로 표시했다.

이번에 발표한 영토문제에 관한 책을 한국에서 출간하게 되어 매우 기쁘게 생각한다. 일본과 러시아 사이의 영토문제 해결을 위해 연구하고 생각한 지 25년이 넘는 세월이 흘렀고, 이번 책에 그동안의 연구에서 얻은 결론을 담아냈다. 그뿐만 아니라 이번 책에서는 몇 년 전부터 생각해 온 두 가지 영토문제, 한일韓日·중일中日의 영토문제에 대해서도 견해를 밝혔다. 그렇다면 세 가지 영토문제를 감안할 때 독도＝다케시마는 어떻게 보일까? 한국 독자들이 이 문제를 고민하여 새로운 견해를 찾아내기 바란다.

나는 동북아시아의 일본과 한국이 굳게 손을 잡고, 협력해 나가는 것이 무엇보다 필요하다고 생각한다. 거기에는 이유가 있다.

일본은 1945년 8월, 연합국의 포츠담 선언을 수락하고 항복했다. 조선을 비롯한 이웃 나라들에 대한 50년간의 침략전쟁 끝에 드디어 패배를 인정했던 것이다. 그리고 일본 천황과 국민은 다시는 전쟁을 하지 않고 평화국가의 길을 걷겠다고 맹세했다. 이는 아시아 이웃 나라 사람들의 엄청난 죽음, 그 터무니없는 희생에서 비롯된 결단이었다. 일본 역사에서 볼 때, 이는 거대한 변화이며 국민의 긍지로 삼아야 할 새로운 탄생이다. 물론 그 사이에도 일본은 다른 나라의 전쟁을 이용하여 경제적인 이익을 얻었다. 미국의 전쟁에 끊임없이 협력해 군사적 보호를 받기도 했다. 이 점을 잊어서는 안 된다. 그러나 평화국가로서 전쟁을 하지 않겠다는 부전不戰의 맹세는 지금도 지켜지고 있다.

한국은 1945년 8월, 일본이 패전하면서 41년간의 점령과 35년간의 식민지 지배에서 해방되었다. 분단된 국토에서 전쟁이라는 비극을 경험했고, 국가를 다시 건설하는 데 크나큰 어려움을 겪었다. 그러나 1960년 4월 학생혁명과 1987년 6월 민주항쟁에서 보여 주었듯이, 한국 국민은 스스로의 힘으로 민주주의를 쟁취했다. 이는 아시아에서 민주주의와 인권존중 정신의 가장 위대한 성과였다. 최근 들어 몇 차례 한국 대통령 선거에서 보여준 나라의 운명에 대한 한국 유권자의 뜨거운 관심은 매우 인상적이었다. 한국은 민주주의의 선진국이다.

그러므로 한국과 일본은 동북아시아와 동아시아의 평화와 민주주의를 이루기 위해 서로 협력해야 한다. 두 나라가 각각 장점을 살려 서로 협력하여 있는 것과 없는 것을 서로 주고받는 좋은 관계를 이루어 크게 힘을 발휘할 수 있을 것이다. 동북아시아에는 공산체제의 두 국가가 있다. 북한이라는 소국小國과 중국이라는 대국大國이다. 두 나라 모두 경제 발전을 이루고 민주주의로 나아가야 하지만, 심각한 문제를 껴안고 있어 그 과정이 수월하지 않다. 한국과 일본은 협력하여, 북한과 중국이 자국의 문제를 해결해 혼란 없이 순조롭게 발전해 갈 수 있도록 조언해 주고, 지원해 주어야 한다. 이는 장차 일본이나 한국의 운명을 좌우하는 중대한 문제이다.

이와 같은 방향은, 1998년 김대중 대통령과 오부치 게이조 수상이 '한일 파트너십 공동선언'에서 이미 제시했다고 할 수 있다. 그러나 2005년 시마네 현 의회에서 다케시마(독도)의 날을 제정하자 한국 정부와 국민이 강하게 반발했고, 독도=다케시마 문제가 한일 간의 커다란 장벽으로 등장했다. 그로부터 7년 뒤인 2012년 이명박 대통령이 독도를 방문·시찰하자 이번에는 일본 정부와 의회가 강하게 반발했으며, '시마네 현 다케시마는 일본의 고유영토'라는 주장이 TV 방송에서 끊임없이 흘러나왔다. 이제 한일관계는 수뇌 회담을 열 수 없을 정도로 긴장되었다.

그 전까지 친밀했던 한일 간의 국민적 교류를 바탕으로, 한일 협력관계의 발전을 방해하는 이 사태를 어떻게든 타개해야 한다. 이를 위해 독도=다케시마 문제를 해결해야 할 필요가 있다. 거의 모든 사람이 매우 어려운 문제라고 생각하지만 이 문제를 해결하지 않는 한, 한일관계의 상처에서 비롯된 고통은 점점 더 늘어날 것이다. 이런 경우 독도＝다케시마 문제를 유보_{留保}한다는 식으로 얼버무리는 행동은 올바르지 않다.

이를 해결하기 위해 대화와 교섭이 필요하다. 실효지배하고 있는 한국 측이, 독도는 옛날부터 우리나라의 영토였다, 그러니 대화의 여지가 없다는 주장만 한다면 문제 해결에 도움이 되지 않는다. 대화를 위해서는 문제를 적극적으로 고심해야 한다. 이에 따라 일본이 껴안고 있는 동북아시아의 세 가지 영토문제 속에 독도＝다케시마를 자리매김하여 검토하는 것이 냉철한 논의를 촉진할 뿐만 아니라 유익하다고 생각한다.

실효지배하는 측이 교섭을 인정하지 않고, 실효지배하지 않는 측이 자신들의 영토라고 주장하는 모습은, 독도＝다케시마나 센카쿠＝댜오위 제도 문제 모두 똑같다. 그러나 독도＝다케시마 문제와 센카쿠＝댜오위 제도 문제는 역사적 성격이 다르다. 독도＝다케시마 문제는 일본 식민지 지배의 종료와 더불어 조선의 독립과 관련한 영토문제이고, 센카쿠＝댜오위 제도 문제는 일본과 중국의 전쟁 전후처리와 관련한 영토문제이다.

식민지가 독립할 때 옛 지배국과 독립에 관한 조약을 맺어야 한다. 첫 번째로는 독립의 승인이 명확히 기록되어야 한다. 두 번째로는 독립국의 요구에 답하는 옛 지배국의 태도에 식민지 지배에 대한 반성, 사죄 표명, 보상에 대한 규정이 포함되어야 한다.

또한 자산 처리, 채권 청산 등의 경제적 처리도 규정되어야 한다. 세 번째로는 국적에 관한 사항이 분명해야 한다. 그리고 마지막으로 영토의 확정이다. 특히 식민지 지배가 이웃 나라 사이에 일어난 경우 영토의 확정은 반드시 필요하다.

대한민국과 일본 경우에는, 일본이 이처럼 반드시 취해야 할 대응을 거부해 왔기 때문에 그 처리가 불충분하고 애매해졌다. 1965년에 한일조약이 체결되었고, 그 조약에 미처 담지 못한 개념이나 방식이 1998년 한일 공동선언으로 보완되었다. 이 선언으로 독립과 관련한 사항은 그나마 해결되었지만, 영토 조항만은 두 정부 간의 교섭이나 합의가 존재하지 않았다.

일본은 조선을 식민지로 지배하다가 연합국에 항복하고 포츠담 선언을 수락한 결과, 조선의 독립을 인정했다. 이는 샌프란시스코 평화조약에서도 확인되었다. 즉, 일본은 연합국에 패배한 결과, 조선을 독립시키라는 연합국의 의사를 받아들여 조선의 독립을 인정했다. 이와 관련한 영토문제에 관한 규정은 샌프란시스코 평화조약에 포함되어 있다. 이는 곧 연합국의 합의였으며, 당연히 독립한 조선의 의향과 새롭게 탄생한 대한민국·조선민주주의인민공화국의 의향에 맞춰 합의할 필요가 있었다.

그러므로 어떻게 해서든 한국과 일본은 독립국과 옛 식민지 지배국으로서 영토 확정을 위한 교섭을 해야 한다. 그런 자리가 마련되면 한국 대표는 "일본은 1904년에 조선을 점령했고, 1910년에 한반도를 강제병합하고 지배했다. 그러나 지금은 모든 것을 조선인들에게 돌려주었으며, 남반부는 대한민국의 영토라고 인정했다. 그리고 그 영토에는 울릉도와 독도가 포함되어 있다. 일본은 이 점을 인정해야 한다. 그리고 한국은 1948년에 쓰시마 영유를 주장했지만 지금은 거두어들였다"라고 말할 것이다. 이에 대해 일본 대표는 과연 뭐라고 대답할까?

이와 같은 한일 교섭이 2015년, 한일조약 50주년의 해에 이루어지기를 꿈꾸어 본다.

와다 하루키

차례

영토문제에도 정신혁명을

2012년 여름의 영토 위기

2012년 8월 10일, 한국의 이명박 대통령이 독도＝다케시마로 날아가 섬을 시찰하고 경비대를 격려한 일은 일본 정부에 충격을 가져다 주었다. 노다 요시히코野田佳彦 수상은 즉각 다케시마(竹島, 독도獨島)는 '우리의 고유영토'라고 하면서 이 대통령의 행위는 받아들일 수 없다, 한일관계에서 '매우 유감이며 의연히 대응할 것'이라고 표명했다. 무토 마사토시武藤正敏 주한 일본대사는 그날 밤 본국으로 귀국했다. 11일 겐바 고이치로玄葉光一郎 외상은 그에 대한 대항조치로 다케시마(독도) 문제를 국제사법재판소에 제소할 생각이라고 밝혔다.

8월 14일에는 이 대통령이 충청북도의 한 대학에서 가진 간담회에서, (일본) 천황이 한국 방문을 희망한다면 먼저 독립운동가들에게 사죄해야 한다고 이야기한 내용이 15일자 각 일간지에 보도되면서, 일본 각료나 정치가들은 매우 큰 결례를 범했다고 격렬하게 반발했다. 공교롭게도 15일 그날, 홍콩의 활동가들이 배를 전세 내어 센카쿠 열도尖角列島의 댜오위댜오釣魚島 해역에 도착하여 일본 순시선의 저지를 뚫고 섬에 접근했으며, 그 가운데 7명이 중국 국기를 들고 섬에 상륙하여 일본 경찰에 체포되는 사건이 일어났다. 배를 타고 온 전원이 체포되었고 그 숫자는 14명이나 되었다. 일본 정부는 입국관리법 위반 혐의로 취조하고 초범이기 때문에 국외 추방으로 끝낸다는 방침으로 처리했지만, 이에 대해 야당과 일부 언론에서는 매우 나약한 태도라고 비판했다. 17일에 후지무라 오사무藤村修 관방장관이 다케시마(독도) 문제를 국제사법재판소에 제소할 것이라 발표했으며, 아울러 한일조약 체결 시에 교환한 〈분쟁 해결에 관한 교환공문〉에 따라 협의에서 조정 단계로 진행하겠다고 밝혔다.

그리고 시간이 흐르면서, 다케시마(독도) 문제에 대해 일본 정부가 더욱 강경 일변도로 변하고 있다는 느낌을 받았다. 8월 21일, 다케시마(독도) 문제로 관계 각료회의를 열어 국제사법재판소에 제소함과 동시에 한일 재무장관 회담의 연기 등, 각종 대항조치를 결정했다. 그리고 22일, 노다 수상은 이 대통령의 '시마네 현 다케시마(독도) 상륙'과 천황 방한 문제에 관한 발언에 항의하는 친서를 보냈지만, 한국 측은 그 내용에 반발하여 수령을 거부하고 반송했다. 이날 중의원 결산위원회에서 열린 집중 심의에서, 겐바 외상이 다케시마(독도)의 상황은 한국의 '불법 점거'라고 단언했다. 24일, 중의원은 공산당과 사민당을 제외한 모든 정당과 당파의 찬성으로 다케시마(독도) 상륙 항의 결의와 센카쿠 상륙 항의 결의안을 채택했다. 전자의 결의안에서 "시마네 현 다케시마(독도)는 우리나라(일본)의 고유영토"라고 하여 한국의 '불법 점거'를 비난하고, "다케시마(독도)의 불법 점거를 한시라도 빨리 정지할 것을 강력하게 요구한다"고 했다. 이 대통령의 독도 방문이 있은 지 2주가 채 지나기도 전에, 대립은 돌이킬 수 없는 지점을 지나 버렸다. 그날 저녁 무렵, 노다 수상도 영토문제에 대해 임시 기자회견을 가졌다. 노다 수상은 다케시마(독도)에 대해 일본은 17세기에 영유권을 확립했으며 1905년에 영유 의사를 재확인했지만, 패전 후 한국이 '불법 점거'했다는 인식을 보이면서 국제사법재판소에서 결말을 짓자고 요구했다. 센카쿠 열도에 대해서는 해결해야 할 영유권 문제가 존재하지 않는다면서, 따라서 중국인이 다시는 상륙할 수 없도록 만전을 기하겠다고 했다.

도쿄 도의 이시하라 신타로石原愼太郞 도지사는 진작부터 센카쿠 열도의 세 섬을 지주들에게 사들여 선착장을 만드는 등의 조치를 강구하자고 매우 도발적으로 주장해 왔다. 여기에 휘둘린 일본 정부는 세 섬의 평정平靜한 관리를 위해 세 섬을 국가가 사들이겠다는 방침을 표명했다. 블라디보스토크에서 열린 APEC 정상회담에서 정상들이 악수를 나누고 대화를 하는 장면도 보여 주었지만, 그 직후인 9월 11일에 일본 정부가 센카쿠 열도의 세 섬을 '국유화'하겠다고 발표하자 중국 정부는 격한 반응을 보였고, 중국 전역에서 반일反日 시위가 폭발하기에 이르렀다. 몇 군데 지역에서는 일본의 공관과 기업을 공격하고 불을 질렀다.

이러한 과정을 겪으면서 현재 일본은 북방 4도 문제뿐 아니라 다케시마(독도) 문제, 센카쿠 열도 문제를 포함하여 세 가지 영토 문제를 떠안고 있으며, 그 어느 것도 해결할 수 있기는커녕, 꼬이고 꼬여 점점 더 대립 감정이 격화되고 있다는 것을 모두가 알게 되었다.

러시아와의 북방 4도 문제는, 러시아에 일본 영토를 빼앗겼기 때문에 이를 되돌려 받으려는 문제인데, 영토를 둘러싼 다툼이 있다는 것을 일본뿐만 아니라 러시아도 인정했으며, 교섭하기로 양국이 이미 합의한 바가 있다. 한국·북한과 일본의 독도=다케시마 문제도 일본의 입장에서 보면 일본 영토를 빼앗겼기 때문에 반환을 요구한다고 하지만, 상대측인 한국은 영토문제의 존재 자체를 아예 인정하지 않는다. 이와는 반대 상황으로, 중국과의 센카쿠=댜오위 제도는 일본이 자국의 영토라고 주장하는 섬에 대해 중국과 타이완이 자국 영토라고 주장하는 문제이지만, 이에 대해 일본은 영토문제의 존재 자체를 인정하지 않으며, 교섭도 인정하지 않는다.

이와 같이 문제의 양상은 각각 다르지만, 지금 일본에는 사실상 이 세 가지 영토문제가 존재한다는 것은 부정할 수 없다.

일본을 둘러싼 이웃 나라라면 미국·러시아·북한·한국·중국·타이완의 5국 1지역이 되겠지만, 일본은 그 대부분의 나라·지역과 실질적인 영토문제를 껴안고 있다. 이는 일본의 비정상적인 모습을 보여 주는 것이라고 생각해야 한다. 더욱이 문제는 모두, 1945년 8월 일본의 패전에서 비롯되어 65년 넘게 계속되고 있다는 사실이다. 이렇게도 오랜 기간 동안 이웃 나라와 해결되지 않은 영토문제를 떠안고 있다는 것은 더욱더 비정상적 상태이다. 그리고 정부나 국민 모두가 그 비정상적 상태에 익숙해져, 문제의 신속한 해결을 위해 충분한 노력도 하지 않고 오랜 세월을 지내 왔다는 점이 무엇보다도 염려스럽기 짝이 없다.

위기는 시작되고 있었다

하지만 실은 10년경 전부터 영토문제를 둘러싸고, 누가 보더라도 이상한 사태가 잇따라 일어났다. 발단은 2002년 봄이었다.

외무성에서 북방영토 문제의 해결을 위해 노력하던 구아(歐亞. 유럽·아시아)국장 도고 가즈히코東郷和彦, 주임분석관 사토 마사루佐

藤優, 이 사람들과 관련된 국회의원 스즈키 무네오鈴木宗男, 이 세 사람이 국가적·사회적으로 명예를 박탈당하고 직무에서 쫓겨나 평범한 시민생활을 영위할 수 없게 되었던 것이다. 도고는 네덜란드 대사에서 해임되고 외무성에서도 면직되어 망명할 수밖에 없었다. 사토와 스즈키는 각각 체포되어 유죄판결을 받고 옥중으로 사라져 버렸다. 세 사람에게는 '2도 반환론자'라는 꼬리표가 붙었고, 모든 정당과 모든 매체에서 그들을 '국익을 손상시킨' 자들이라고 비난했다. 이 사람들의 의견을 듣고도, 2001년 푸틴Vladimir V. Putin 대통령과 이르쿠츠크 성명을 발표한 모리 요시로森喜朗 전 수상은 침묵을 지킬 수밖에 없었다. 일본 국내에서 이 사람들을 변호하는 소리는 정말 미미할 뿐이었다.

그들을 옹호하는 목소리는 오히려 러시아에서 터져 나왔다. 파노프Alexandr Nikoraevich Panov 전 주일대사는 이 사람들을 가리켜 일본의 애국자라고 했으며, 이 사람들의 실각은 일본을 위해 좋지 않은 일이라고 애석해했다. 그러나 이 사람들에게 가한 정치적 '학살'은 러시아의 반감을 불러일으키는 결과를 가져 왔고, 북방 4도의 문제 해결은 불가능해졌다.

3년 후에 출옥한 사토는 첫 번째 출간한 책으로 성공을 거두어 급속도로 출판계의 총아가 되었으며, 5년 뒤에 귀국한 도고도 잇따라 저작을 출간하여 영토문제의 해설자로 부활했다. 스즈키는 비록 국회의원은 아니지만 발언을 계속하고 있다. 세 사람은 모두 사회적으로 복귀했지만, 그래도 10년 전 그 정치적 '학살'의 상처는 북방영토 문제 속에 숨어 있는 암울함을 끈질기게 보여 주고 있다.

2005년 3월 시마네 현 의회는 다케시마(독도)를 일본의 영토로 삼은 1905년 2월 22일을 기념해 '다케시마의 날'을 제정한다는 현 조례를 채택했다. 이에 대해 한국 정부와 국민은 분노에 치를 떨며 목소리를 높이는 사태가 발생했다. 1905년은 한국을 일본의 보호국으로 삼는 을사늑약乙巳勒約을 강요한 해라는 것을 한국인이라면 누구나 알고 있다. 독도=다케시마 문제의 유보 상태는 이제 완전히 끝나 버렸고, 이후 일본이 다케시마(독도)의 영유를 주장할 때마다 한국인의 감정이 격앙되는 상태가 반복되고 있다.

그리고 2010년 9월 7일, 중국 어선이 센카쿠 열도에 접근하여 정지를 요구하는 일본 해상보안청의 순시선에 충돌했다가 도주를 하는 과정에서 선장을 포함한 선원들이 체포되는 사건이 발생했다. 일본 정부가 선장을 검찰에 송치하여 기소하려 하자, 중국 정부는 이에 강력하게 항의하고 맹렬한 대항조치를 취해 중일 관계가 극도로 긴장되었다. 일본 국내에서는 미군과 자위대의 도서島嶼 방위를 주장하는 목소리들이 잇따라 터져 나왔다.

이 분위기는 러시아로 파급되었다. 2010년 11월 1일, 메드베데프Dmitry Medvedev 대통령이 쿠나시르 섬을 방문하자 일본 정부는 강하게 반발해 주러대사를 일본으로 소환했다. 2011년 2월 7일

북방영토의 날 기념식에서 간 나오토管直人 수상은 러시아 대통령
의 방문을 '일본의 고유영토'에 대한 '용서하기 힘든 폭거'라고 규
정했고, 이에 러일 간의 긴장은 한층 더 높아졌다.

해결하지 못한 영토문제는 동북아시아의 긴장을 고조시킨
다—위와 같은 극적인 상황들이 잇따라 나타남으로써 이 사실이
매우 분명해졌다.

이웃 나라와 함께 살아가다

2011년 초, 나는 패전 후 65년이 지난 지금도 일본이 이웃 나라들
과 제대로 화해하지 않고, 진정한 우호관계도 없다는 사실을 뼈저
리게 느껴왔다. 1919년 3월 5일에 조선의 3·1독립운동 소식을 듣
고 미야자키 도텐宮崎滔天은 다음과 같이 통탄했다.

조선이 이처럼 일어나고, 중국이 그처럼 행동하고, 그리고 시베리아
에서는 다나카田中 지대支隊가 전멸▶하였다. 오호라, 이 무슨 불상사
인가. 지금 우리나라(일본)에는 우방국이 하나도 없다. 그리되면 세계
속에 서는 것이 불가능한 일이다. 죄를 군벌軍閥들에게만 돌릴 것이

▶ 제1차 세계대전 당시 1919년 2월, 제12사단 보병 제72연대 제3대대장 다나카 가쓰스케田
中勝輔 소좌를 중심으로 편성된 지대가 러시아군에게 적발되어 150명 모두 사망한 전투를
가리킨다.

아니다. 이 모두 국민들이 확실하지 못하여 생긴 죄이다. 국민들이 지금 자각하지 않는다면, 우리에겐 결국 망국만이 남아 있을 뿐이다.

——「미야자키 도텐 전집宮崎滔天全集」 제2권

사정이나 시대 상황은 다르지만, 나의 견딜 수 없는 이 기분은 도텐의 심정에 가깝다. 동북아시아에 우방 없음. 이대로는 망국뿐이다. 그렇게 생각하고 있을 때, 바로 동일본 대지진이 발생했다.

진도 9.0의 지진으로 동북지역에 천 년에 한 번 있을까 말까 한 거대한 쓰나미가 일어났다. 이 쓰나미로 사망자·행방불명된 자가 무려 1만 9천 명에 이르고, 도쿄 전력의 후쿠시마 제1원자력발전소에서 인류사상 두 번째로 심각한 원자력발전소 사고가 발생했다. 이 파국적인 대재해는 우리에게 자연의 거대한 파괴력을 보여주었을 뿐 아니라, 자연 속에서 자연과 함께 살아가야 할 우리의 존재방식을 새삼 일깨워 주었다. 동시에, 인간이 자연에 역행하여 만든 문명의 정점인 원자력발전이 이제 근본적으로 자연을 파괴하는 위협적인 대상임을 보여 주었다. 대지진과 거대 쓰나미에 따른 재해 가능성에 대해, 그리고 재해가 일어날 때 원자력발전소의 취약성에 대해, 마지막으로 원자력발전의 본질적인 비안전성에 대해 경고의 소리를 계속 무시해 온 우리나라(일본)의 구조, 그리고 일본인들의 정신 상태를 되묻지 않을 수 없게 되었다.

동일본 대지진은 일본 역사의 결정적인 전환점을 이루었을 뿐 아니라, 주변국을 포함한 동북아시아 지역의 운명에, 또한 인류의 역사에 커다란 전환점이 되었음이 틀림없다.

과거 일본 국민은 1945년 8월 15일 나라의 패전과 항복을 경험했고, 그 절망의 심연에서 되살아났다. 현재 일본의 제도와 생활은 모두 그때 시작되었다. 하지만 이번의 3·11은 그 8·15를 넘어서는 파국이 되었다. 이번에는 인간끼리의 전쟁을 끝내고 이제부터 평화롭게 살아가자는 것이 아니다. 자연의 힘에 무너져 버렸고, 스스로의 어리석음으로 재악災惡을 갑절로 늘렸던 인간이 그 고통의 바닥에서 일어나 자연과의 새로운 공생의 모습을 추구해가야 할 때이다. 그런 의미에서 8·15는 지금 과거의 이야기가 되었다고 생각했다. 그러나 파국 속에서 부흥과 재생을 추구한다는 의미로 3·11은 새로운 8·15라고도 할 수 있을 것이다.

우리에게 필요한 것은 거대한 정신혁명, 사고방식과 윤리의 혁명을 일으켜 과거의 사고방식과 태도의 결함과 오류를 모두 밝히고, 지속가능한 기초 위에 새로운 사회와 생활을 다시 세우는 일이다.

동일본 대지진을 겪으면서 일본 열도의 모든 이는 서로 도우며 살아가는 것이 무엇보다도 소중하다고 생각하게 되었다. 마찬가지로 열도 바깥의 이웃 사람들, 이웃 나라 사람들, 동북아시아 지역의 사람들과도 서로 도우며 살아가는 것이 필요하다는 것을 느꼈다. 하늘의 공기와 바닷물은 그 사람들과 우리를 바로 이어주고 있다. 원자력발전 사고의 방사능 데이터는 이웃 나라 사람들에게도 바로바로 알려주어야 한다. 지진에서 얻은 모든 교훈을 이웃 나라 사람들과 공유해야 한다.

한편, 지진재해와 정면으로 맞서기 위해서는 이웃 나라 사람들의 도움이 필요하다. 실제로, 일본의 재난자를 도와주겠다는 소리가 이웃 나라에서 힘차게 일어났다. 중국에서, 타이완에서, 그리고 러시아에서 일본을 돕자는 호소와 운동이 일어났다. 특히 한국에서는 지난날 전례를 찾아볼 수 없을 정도의 대대적인 지원 운동이 일어났다. 그러는 가운데 일본의 문부과학성에서 교과서에 다케시마(독도)에 대한 기술을 보다 많이 싣도록 하겠다는 지침을 내린 것이 보도되어, 한국 국민의 감정이 크게 상처를 입었다고 한다. 한편, 관계가 단절되어 적대시하는 북한도 동일본 대지진에 관심을 보이면서 연일 신문에 보도했고 의연금도 보내주었지만, 일본 정부는 그 배려에 감사하기는커녕 오히려 경제제재를 1년 연장한다고 발표했다. 북한 국민의 감정도 상처받았으리란 것은 쉽게 상상할 수 있다.

이웃 나라 사람들과 서로 도우며 살아가기 위해서는 먼저 가장 낮은 단계의 국교라도 맺을 필요가 있다. 현재 일본은 이웃 나라 북한과 국교를 맺고 있지 않으므로, 이를 고쳐 국교를 정상화하여 문제를 해결하기 위한 교섭을 해야 한다. 그리고 이웃 나라와 다툴 일이 있으면 먼저 대화를 나누며 해결해야 한다. 협력하며 살아가기 위해서는 다툴 일을 없애야만 한다. 이러한 사실로 말미암아 지금 3국과의 영토문제를 떠안고 있는 현실이 우리 앞에 더욱 크게 다가서고 있다.

문제는 해결되어야 한다

세 나라의 영토문제는 모두 8·15 패전에서 비롯된다. 3·11 사태로 8·15의 상황이 과거의 것이 된다면, 서둘러 8·15에서 비롯된 미처 해결하지 못한 문제를 해결해야 한다. 그러한 의미에서 나는, 어떡하든 영토문제의 해결을 서둘러야 한다고 생각했다.

그러려면 지금까지의 영토문제에 대한 생각과 정책을 엄격하게 다시 돌아보고, 거짓이나 궤변이 있다면 그것을 도려내야 한다. 잘못된 점이 있다면 확실하게 바로잡아야 한다. 지금은 일본의 전후戰後 정치와 전후 체제 모두를 다시 검토해야 하며, 그 주요 대상은 바로 영토문제이다. 영토문제의 논의에서도 정신혁명이 필요하다.

나는 북방 4도 문제에 대해 1986년부터 생각하기 시작하여 『북방영토문제를 생각한다北方領土問題を考える』,『개국—러일국경 교섭開國-日露國境交涉』,『북방영토문제—역사와 미래北方領土問題-歷史と未來』라는 책 3권을 출간하면서, 문제 해결을 위해 25년 동안 고민해왔다. 독도=다케시마 문제에 대해서는 2005년부터 진지하게 생

각했으며, 2007년에는 한국 학회의 요청을 받아 북방 4도 문제와 독도=다케시마 문제를 일괄적으로 고찰하는 결과를 발표했다. 이후로도 그러한 방향에서 생각을 멈추지 않았다.

2012년 봄, 나는 지금까지 생각해 왔던 것을 정리하여 영토문제에 관한 새로운 책을 쓰기로 결심했다. 북방 4도에 대해 상세하게 논한 뒤에 제8장에서 다케시마(독도) 문제와 센카쿠 열도 문제를 다루기로 했다. 북방 4도에 대한 인식을 전환하지 않으면 다른 두 가지 문제에 대한 새로운 대처도 불가능하기 때문에 일부러 이런 구성을 택했다.

이 책이 거의 완성된 단계에 이를 즈음, 2012년 여름에 위기가 찾아왔다. 왜 좀 더 일찍 나의 생각을 말하지 않았을까 하는 후회스러운 마음으로 약간 보충하여 이 책을 완성했다. 영토문제에 대해 걱정하는 분들, 노심초사하는 분들에게 참고가 된다면 더없이 기쁘겠다.

제1장

위험한 '고유영토'론

영토문제는 '고유영토' 문제라고들 한다. 북방 4도와 다케시마(독도) 문제에서 '고유영토'를 되돌려 받자고 주장하고 있으며, 센카쿠 열도에 대해서는 중국이 '고유영토'라고 주장하는 것에 대항해 일본도 '고유영토'라고 주장하고 있다.

'고유영토'란 무엇인가

'고유영토'란 어떤 의미일까? 일반적으로 원래부터 일본 영토였던 곳, 옛날부터 일본인이 살던 곳을 의미한다고 생각한다. 예컨대 일본은 홋카이도·혼슈·시코쿠·규슈를 들 수 있다. 이 네 섬은 '일본본토'라고 불린다. '일본 본토'를 영어로 표현하면 'Japan proper'

로, 바로 '고유영토'라는 의미이다.

그러나 '일본 본토'에 오키나와는 포함되지 않는다. 오키나와
는 오랫동안 독립왕국이었고, 민족적으로도 본토의 대다수와는
혈통이 다르다. 더욱이 '고유의 일본'을 엄밀히 말하면 홋카이도
또한 포함되지 않는다. 홋카이도는 분명히 지시마(千島, 러시아명 쿠
릴Kuril), 가라후토(樺太, 러시아명 사할린Sakhalin)와 함께 아이누·모시
리, 즉 '아이누의 고요한 토지'였다. 선주민의 세계였던 것이다. 그
러므로 처음부터 일본인이 살고 있던 곳이라는 의미에서 '고유영
토'라는 말은 일본 자체에 대해서도 사용하기 어렵다.

그런데 일본의 외무성이 사용하는 '고유영토'라는 말은 원래
일본의 영토였던 곳이라는 의미가 아니다. 1970년 전후부터 외무
성에서 계속 발간한 팸플릿 『우리의 북방영토われらの北方領土』의 서
두에 다음과 같이 쓰여 있다.

> 북방 4도는 우리 국민이 선조로부터 전래되어 온 땅을 물려받은 곳
> 으로, 지금까지 한번도 외국의 영토가 된 적이 없다는 의미에서 우리
> 고유영토이다. ── 『우리의 북방영토』 1987년판, 〈그림1〉

이 말의 핵심은 후반부에 있다. 1986년 『아사히신문朝日新聞』의 투
고란에, 북방 4도는 물론 홋카이도 또한 선주민이 공유했던 토지
인데 "일본 고유영토라고 주장할 수 있는가"라는 의견이 실리자

N

오호츠크 해

에토로후 해협

시베토로

사릿푸 산 ▲

레이도보

가무이 산 ▲

락키베쓰 곶

사나

루베쓰

후레베쓰

45°

우에베쓰

히토캇푸 만

에토로후 섬

나이보

모에하시 만

아토이야 만

루루이 곶

구나시리 섬

자차 산 ▲

구나시리 수로

시레토코 반도

오타키

루요베쓰

라예수

우엔나이

홋카이도

라예수 산 ▲

후루카맛푸

44°

사코탄

시코탄 수로

시코탄 섬

오시마

도예후쓰

다라쿠 섬

고지마

도마리

도도지마 섬

태평양

시베쓰

시보쓰 섬

나카시베쓰

노쓰게

스이쇼 섬

유리

네무로

아키유리 섬

하보마이 군도

벳카이

노삿푸 곶

가이가라 섬

145°

146°

147°

148°

〈그림 1〉 북방 4도 (일본 외무성, 『우리의 북방영토』)

외무성 국내홍보과장 우에노 가게후미上野景文는 다음과 같은 반론을 투고했다(11월 8일).

우리가 홋카이도는 물론 북방 4도를 고유영토라고 생각하는 것은 이 영토들이 한번도 다른 나라의 영토가 된 적이 없기 때문이다.

즉, 일본 정부가 말하는 '고유영토'란 한번도 다른 나라의 영토가 된 적이 없고, 계속 일본의 영토였던 토지라고 강조하는 개념이다. 여기에 근본적인 문제가 숨어 있다.

용어의 내력

'고유영토'라는 말은 언제부터 사용하게 되었을까? 내가 알고 있는 한, 최초의 용례는 패전 직전의 〈고노에 화평안近衛和平案〉에 등장한다. 1945년 7월 10일, 일본 정부는 소련에 중립조약의 준수와 미국·영국과의 화평 주선을 요청하기 위해 마지막 특사로 고노에 후미마로近衛文麿를 보내기로 결정했다. 고노에는 자신의 참모인 육군 중장 사카이 고시酒井鎬次에게 소련에 대한 제안서를 작성하도록 부탁했다. 일본 천황天皇의 승인을 얻은 그 제안서에는 다음과 같이 쓰여 있다.

> 국토에 대해서는 되도록 다른 날에도 재기再起하기 편리하도록 노력할 것이며, 어쩔 수 없다면 고유본토로 만족한다. 고유본토의 해석에 대해서는 가장 아래의 오키나와, 오가사와라 섬, 가라후토를 포기하고 지시마는 남부를 보유하는 정도로 한다.

오키나와, 오가사와라를 '고유본토'에 포함하지 않은 것은 이미 미군에 점령되었기 때문이다. 이렇게 되었으니 미국은 점령한 토지를 자국의 영토로 삼을 것이다, 오키나와를 일본 영토로 유지하는 것은 이제 불가능하다, 오키나와에 사는 일본 제국의 신민들을 포기하더라도 어쩔 수 없다는 구상이었다.

가라후토와 북 지시마를 소련에 넘기겠다는 구상이 이미 정부 부내部內에서 확정되어 있었다. 그래서 남 지시마만을 '고유본토'에 넣고 일본의 영토로 확보해 소련과 교섭하려고 했던 것이다. '고유본토'라는 용어의 정의가 있는데, 그 정의에 따르면 여기까지 포함되어 있다고 주장하기보다 여기까지는 일본의 영토로 남겨두기 위해 노력하자는 의미에서 '고유본토'라는 개념을 제안했다고 생각한다.

정식으로 '고유영토'라는 용어가 등장한 것은, 일본과 소련의 국교 교섭 와중에 4도 반환이라는 표현의 근거에 대해 국회에서 일본 외상을 엄중하게 추궁했을 때였다. 시게미쓰 마모루重光葵 외상이 "남 지시마는 일본의 고유영토로 주장한다"(1955년 11월 30일)라든가, "남 지시마는 오늘날까지의 역사에서 일본의 영토이며, 분쟁이 일어난 적이 없으므로 일본 고유영토로 반환을 요구하는 것이 당연하다고 생각한다"(12월 16일) 등의 발언을 했다. 이 표현을 시작으로, 새롭게 제시한 북방 4도 반환의 근거에 대한 논리로 내세우려 했음이 틀림없다는 생각이 든다.

'고유영토'론을 본격적으로 일본 측 주장의 중심축으로 삼아 소련에 표명한 것은 1956년 여름, 시게미쓰 외상이 전권대사로 임명되어 모스크바로 건너가 일소日蘇 국교 교섭의 제2막을 올렸을 때였다. 7월 31일 제1차 회담에서 시게미쓰 전권대사는 모두冒頭 발언을 하면서 '고유영토'라는 말을 남발했다.

전쟁에 따른 일본 영토권의 처분은 1951년 샌프란시스코 평화조약에 따라 비로소 확정되었는데, 샌프란시스코 평화조약은 일본으로 하여금 그 고유영토권을 전혀 포기하도록 하지 않았습니다. 일본은 샌프란시스코 평화조약에 따라 남부 가라후토 및 지시마에 대한 권리와 권원(權原, 어떤 행위를 정당화하는 법률적인 원인) 및 청구권을 포기했습니다.

일본의 고유영토인 구나시리와 에토로후의 두 섬에 대한 일본 측 입장을 인정받는 데에 이 샌프란시스코 평화조약 규정을 소련에 확인하는 점에 이의는 없습니다. 일본은 어떤 나라에 대해서도 일본 고유영토를 포기할 수 없습니다. 문제가 되는 구나시리 섬과 에토로후 섬은 일본 고유영토이고 샌프란시스코 평화조약에서 규정한 지시마 열도에 포함되지 않으며, …… 아직껏 국제적으로 문제가 된 적이 없는 일본국의 영토입니다.

에토로후(擇捉, 러시아명 이투루프Iturup) 섬과 구나시리(國後, 러시아명 쿠나시르Kunashir) 섬은 일본이 결코 포기한 적이 없는 영원한 영토,

옛날이나 지금이나 일본 영토, 즉 '고유영토'라고 주장하고 있다.

하지만 시게미쓰 전권대사의 이 주장을 바탕으로 한 교섭은 소련 측의 거부 입장을 흔들지 못했다. 시게미쓰는 결국 이 주장을 거둬들이고, 하보마이(齒舞. 러시아명 하보마이Khabomai) 군도와 시코탄(色丹. 러시아명 시코탄Shikotan) 섬을 인도하는 것으로 평화조약을 체결하려 했다. 시게미쓰의 이 '고유영토'론은 외교 교섭상의 임기응변적 주장이었다. 시게미쓰는 무리가 있는 주장임을 알고 있었을 것이고, 그 주장을 철회하고 평화조약을 체결하려고 했다. 그러나 그 결단을 이번에는 본국 정부에서 허락하지 않았다.

시게미쓰가 한번 꺼냈다가 거둬들인 '고유영토'론이 부활하게 된 것은 미국 때문이었다. 일본 외무성은, 소련에 4도 반환을 요구할 때 샌프란시스코 평화조약에서 일본이 포기한 쿠릴 열도에 에토로후 섬과 구나시리섬이 포함되지 않는다고 이해해도 좋은지 미국 정부에 문의했다. 미국 정부는 일본이 소련에 4도를 요구하는 것을 환영했지만 샌프란시스코 평화조약에서 포기하도록 한 쿠릴 열도에 이 두 섬이 포함되어 있다는 해석을 공공연하게 바꿀 수는 없었다. 그래서 비단벌레의 날개색▶과 같은 답변이 돌아왔다.

1956년 9월 7일, 미국은 일본의 4도 요구를 지지하는 유명한

▶ 광선의 방향에 따라 녹색이나 자주색으로 보이는 비단벌레의 날개색에 빗대어 사용한 말로, 애매모호함을 뜻할 때 사용하는 일본어의 관용적 표현이다.

각서를 제시하는데, "이투루프 섬과 쿠나시르 섬은 (홋카이도의 일부인 하보마이 군도와 시코탄 섬과 함께) 항상 Japan proper의 일부를 이루며, 일본의 주권하에 있음을 당연히 인정받아야 하는 곳"이라고 했던 것이다. 이 'Japan proper'가 무슨 말인지 이상야릇했다. 일반적으로 '일본 본토'라는 의미이다. 그러나 에토로후 섬과 구나시리 섬은 아무리 보아도 '일본 본토'라고 할 수 없다. 따라서 일본 외무성은 'Japan proper'를 '고유의 일본 영토'라고 번역하기로 했다. 외무성 번역으로 신문에 발표된 미국의 각서에서 일본 국민은 다음과 같은 글을 접했다.

> 에토로후 섬과 구나시리 섬은 (홋카이도의 일부인 하보마이 군도 및 시코탄 섬과 함께) 언제나 고유의 일본 영토의 일부를 이루고 있으며, 또한 정당하게 일본국의 주권하에 있음을 인정해야 한다.
>
> ──『아사히신문』, 1956년 9월 13일

'Japan proper'를 '고유의 일본 영토'라고 번역한 것은 분명히 왜곡된 번역이다. 그러나 이렇게 함으로써 '고유영토'론이 마술처럼 되살아났다. 새로운 '고유영토'론은 미국과 일본 합작의 '정론正論'이 되었고, 더 이상 외교 교섭상의 임기응변이 아니었다.

번역이 불가능한 용어

실제로 '고유영토'라는 용어는 외국어로 번역이 불가능하다. 우선 구미어歐美語에 해당하는 단어가 없다. 그러므로 시게미쓰 외상이 처음 이 말을 사용했을 때, 소련 외무성의 기록에서 소련 통역관은 'pozhiznenno neobkhodimye dlia iaponskogo naroda(일본 국민에게 사활적으로 필요한)'영토라고 번역했다(사프로노프Safuronov, 『냉전기의 소련·미국·일본冷戰期のソ連·米國·日本』). 1992년 러시아와 일본 정부는 공동으로 영토문제에 관한 자료집을 출간했는데, 러시아는 일본 측 자료의 '고유영토'를 'iskonnykh iaponskikh terri-torii'라고 번역했다. 이 번역문은 '예로부터 일본 영토'라는 의미에 지나지 않는다. 일본 외무성은 미국 정부의 문서에 있는 'Japan proper'를 '고유의 일본 영토'라고 번역했지만 이후로는 그렇게 하지 않았으며, 그 반대로도 하지 않았다. 즉, '고유영토'라는 일본어를 영어로 'Japan proper'라고 번역할 수가 없었다. 그렇게 하면 '일본 본토'라는 의미가 되어 버린다.

이는 원래 '고유영토'라는 개념 자체가 다른 나라에서는 성립하지 않기 때문에 생겨난 결과이다. 역사 속에서 국경이 여러 형태로 바뀐 유럽에서는 '고유영토'를 말할 수 없다. 또한 선주민이 있는 토지에 끊임없이 팽창했던 러시아와 미국이 '고유영토'를 내세운다면 두 국가는 자기부정이 될지도 모른다.

'볼가 강의 배끌기 노래'와 '스텐카 라진'의 노래에 등장하는 볼가 강은 16세기 중반까지는 아시아 강이었다. 그때부터 팽창한 러시아는 19세기 중반, 1860년에 연해주를 청나라로부터 획득하는가 하면, 그 직후에 알래스카를 미국에 팔아 버렸다. 한편, 미국은 원래 인디언들의 토지였다. 그곳이 영국의 식민지가 되어 영국인들이 들어와 자리를 잡고, 이후 혁명전쟁을 통해 독립했다. 태평양 연안의 캘리포니아나 뉴멕시코는 1848년 멕시코와의 전쟁에서 승리함으로써 획득한 토지이다. 그러한 까닭으로 샌프란시스코나 로스앤젤레스 모두 스페인어 지명이다. 하와이도 독립왕국이었다. 1893년 미국인 농장주들이 쿠데타를 일으켜 릴리우오칼라니 Lili'uokalani 여왕의 하와이 왕국을 전복시킨 뒤 1898년에 병합했다. 그러므로 미국에는 원래 '고유영토' 따위가 없다. 일영日英사전을 찾아보아도, 일러日露사전을 찾아보아도 '고유영토'에 해당하는 영어나 러시아어어는 찾아볼 수가 없다.

중국도 세계제국이었으므로 영토의 팽창과 수축을 반복해 왔다. 게다가 원나라와 청나라 황제는 외부에서 온 침략자로 정복 왕조였다. 중국인의 입장에서 보면 고유한 것은 문화이지, 영토가 아니다. 또한 중화제국 주변에는 책봉冊封을 받는 나라들이 많았다. 역시 이 세계에서도 '고유영토'라는 표현은 적합하지 않다.

그와 반대로 남북한은 일본에 강제병합되어 35년 동안 식민지였던 나라이다. 나라 전체가 타국의 영토가 되어 버렸던 것이다.

한국 국민이든 북한 국민이든 '고유영토'라는 말을 들으면 옛날부터 자신들의 영토로 생각해 온 한반도가 그에 해당한다고 생각할 것이다. 그 '고유영토'를 일본에 빼앗겨 버렸던 것이다. '고유영토'란 '아직껏 한번도 외국의 영토가 된 적이 없는' 영토라는 일본 외무성의 용어법에 빗대어, 한반도는 당신들의 '고유영토'가 아니라는 말을 듣는다면 이웃 나라 한국 국민은 안색을 바꿔 화를 낼 것이다. 외무성의 이 용어는 이웃 나라에조차 적용할 수 없다.

다케시마(독도)도 '고유영토'인가

그렇다면 일본 정부가 다케시마(독도)를 '고유영토'라고 주장함으로써 벌어진 상황을 좀 더 파고들어가 살펴보기로 하자.

현재 일본 외무성의 홈페이지에 "다케시마는 역사적 사실에 비추어 보더라도, 그리고 국제법상으로도 분명히 우리 고유영토입니다"라고 선언하고 있다. 이 같은 주장이 처음 나온 것은 1962년 7월 13일이었다. 일본은 바로 이날 다케시마(독도) 문제에 관한 새로운 견해서를 한국에 보냈다. 그 견해서에 "예로부터 지금까지 다케시마는 일본 고유영토라고 밝혀 왔다"로 시작해 "메이지明治 초기에도 일본국 정부가 다케시마를 일본 고유영토로 인식"하고 있었다고 주장했다. 일본과 소련의 교섭 와중에 생겨난 용어를 여기에 적용한 것이다. 정부 견해서의 영어 번역을 보면 '일본 고유영토'는 'Japan's inherent territory'로 되어 있다. 'inherent'는 라틴어의 'in'(안에), 'haerere'(달라붙다)에서 파생한 단어로, 본래의 뜻은 '타고난'이다. 영토에 사용하는 단어로는 무리가 있다.

한국 정부는 1963년 2월 25일자 구상서口上書[▶]에서 "Dokdo is an integral part of the Korean territory"라고 항변했다. 한국어로는 '대한민국의 불가분의 일부'가 된다. 일본은 생각을 바꿔 이후의 구상서에 'a part of Japanese territory'라는 표현으로 되돌렸다. 한국은 일관되게 구상서에 앞의 표현을 사용했다.

하지만 현재, 일본 정부가 다케시마(독도)는 '우리나라 고유영토'라는 주장에 대항해 한국도 한국어로 "독도는 대한민국의 고유영토이다"라고 일반적으로 주장한다. 그러나 이 주장의 영어 번역은 'an integral part of the Korean territory'를 그대로 사용한다. 한국의 '고유영토'라는 용어의 의미는, 외국에 빼앗겼지만 되찾은 영토인 듯하다.

중국도 댜오위다오는 '중국의 고유영토'라고 주장하기 시작했지만, 이는 일본의 주장에 대항하려다 보니 그에 이끌려 간 것이다. 일본인이 발명한 '고유영토'론이 지금은 거꾸로 중국에 흘러들어 문제를 한층 더 복잡하게 만들고 있다.

▶ 외교문서 형식의 하나이다. 상대국과의 문제나 상대국과 협의한 사항을 제기할 때, 말로 직접하지 않고 문서로 기록하여 제시한다. 자국과 상대국을 모두 제3인칭으로 표기하고, 수신인의 관직과 성명은 기재하지 않으며, 서명도 하지 않는 것이 관례이다.

'고유영토'론의 위험성

북방 4도는 1855년의 러일통호조약露日通好條約에서 일본 영토로 인정되어 1945년까지 90년 동안 그대로 이어졌다. 그후 1945년 8~9월에 소련이 점령하고, 1946년 1월에 반포된 연합국군 최고 사령부(GHQ, Genral Headquarters) 훈령에 따라 일본 관할에서 분리되었으며, 같은 해 2월 소련 정부의 결정에 따라 소련 영토로 편입되었다. 이후 65년 넘게 그 상태가 이어지고 있다. 이 섬들을 일본이 '고유영토'라고 부르는 것은 소련·러시아의 영유는 인정하지 않겠다, 이 섬들은 지금도 계속 일본 영토이다, 이 섬들은 '불법 점거된 상태이다', '불법 점령된 상태이다'고 보는 것이다.

그러므로 일본인은 소련·러시아의 비자를 받아 이 섬에 들어가서는 안 된다. 이는 러시아의 영유를 인정하는 것이기 때문이다. 다른 한편, 러시아 정부 고관이나 하물며 대통령일지라도 이 일본 섬을 자국의 섬처럼 여기고 상륙하는 것을 용인하지 않겠다는 뜻이다. 2011년 2월 7일 '북방영토의 날' 국민집회에서 간菅 수상이 메드베데프 러시아 대통령의 구나시리 섬 방문에 대해 '용서하기 힘든 폭거'라고 한 것은 '고유영토'론에서 보면 당연했다.

북방 4도가 '아직껏 한번도 외국의 영토가 된 적이 없는 우리나라 고유영토'라면 그곳에 있는 러시아 공무원과 군인 그리고 러시아 주민들은 모두 일본 영토를 '불법 점거', '불법 점령'한 사람들이 된다. 바꾸어 말하면, 일본 영토의 침략자가 되는 셈이다.

일본에는 자위대가 있다. 방어를 위주로 하는 전수방위專守防衛
의 군사력이므로 외국 군대가 일본 국토를 공격할 때 싸워서 격퇴
하는 것을 사명으로 삼는다. 센카쿠 열도의 방위에 자위대를 활용
하라는 의견이 일본 안에서 높아지고 있다. 만일 자위대를 동원하
여 센카쿠 열도를 방위한다면, '불법 점거'되고 침략당한 북방 4도
에 자위대가 들어가 러시아인들을 몰아내는 것 또한 당연한 국토
방위 행위로 여기지 않을까 염려스럽다. 일본은 헌법 제9조에 따라
'국제 분쟁의 해결'을 위한 무력 행사를 완전히 포기한 나라이다.
하지만 자위를 위한 무력은 보유하고 있다. 섬이 침략 받으면 자위
대를 보내 지켜야 한다는 논의가, 섬이 침략 받고 있으니 자위대를
보내 되찾아오라는 논의로 발전하지 않는다는 보장은 그 어디에
도 없다. 러시아인들의 걱정이 급격히 심해지는 것은 어쩌면 당연
하다.

2012년 8월 10일에 이명박 대통령이 독도를 방문하자 노다
수상은 다케시마(독도)가 "우리나라의 고유영토라는 우리나라의
입장과 서로 충돌하므로 도저히 받아들일 수 없다. 매우 유감이
다"라고 항의했다. 그리고 수상이나 외상 모두 한국의 '불법 점거'
를 입에 올리기 시작했으며, 국회도 '불법 점거를 한시라도 빨리
정지할 것'을 요구했다.

8월 15일에는 홍콩의 중국인이 댜오위다오는 '중국의 고유영

토'라고 외치며 상륙을 시도하자 일본인들은 큰 불안을 느끼게 되었다.

이제 '고유영토'론이 얼마나 위험한 논의인지 이해할 수 있을 것이다. '고유영토'는 교섭의 용어가 아니라 싸움의 용어이다. '고유영토'라고 말하면 '불법 점거', '불법 점령'을 소리 높여 주장할 수밖에 없다. 듣는 측은 '침략자는 물러나라'는 느낌을 받는다.

그러므로 '고유영토'론은 영토문제를 외교 교섭상의 문제로 삼을 수 없으니, 최후 통첩적인 요구, 좀 더 강해지면 군사 행동을 불러올지도 모를 주장이다. '고유영토'론으로 맞붙는다면 러시아가 북방 4도의 방비를 굳히는 방향으로 흐르는 것은 자연스러운 일이다.

요컨대, 영토문제를 해결하려고 생각한다면 '고유영토'론을 버려야 한다. 북방 4도에 대해 교섭한다면 '고유영토'론을 단호하게 버리는 것이 필요하다. 다케시마(독도)에 대해서도 '고유영토' 운운하는 것을 당장 그만두어야 한다. 중국에도 댜오위다오는 '고유영토'라고 말하지 말고 대화하자고 호소해야 한다.

제2장

일본은 패전으로 영토를 잃어버렸다

어떻게 하여 우리는 영토를 잃어버렸는가?

북방 4도(에토로후 섬, 구나시리 섬, 시코탄 섬, 하보마이 군도)는 러시아와 조약을 맺은 1855년에 일본 영토로 인정받은 곳이다. 그 이후로 1945년 패전하기 전까지 90년 동안 이 섬들은 분명히 일본 영토였다. 하지만 패전 당시 소련군이 점령했고, 1945년 1월 29일 연합국군 최고사령부의 훈령으로 일본 범위에서 제외되었다. 나흘 뒤 2월 2일에 소련은 이 섬들을 포함해 쿠릴 열도(지시마 열도)를 자국의 영토라고 선언하기에 이르렀다. 일본의 섬 주민들은 1946년 말까지 모두 일본에 송환되었다(〈그림 2〉).

틀림없이 일본은 패전으로 말미암아 남 사할린, 북 쿠릴 열도

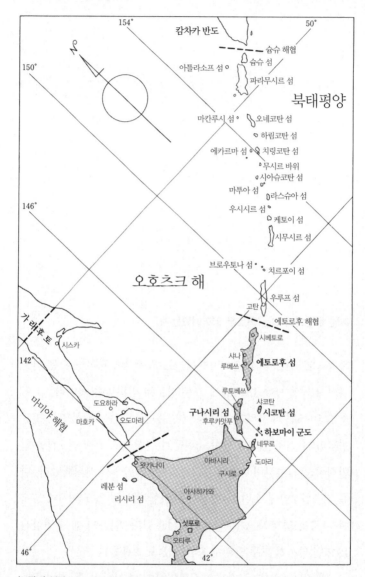

<그림 2> 북방 4도(일본 외무성, 「우리의 북방영토」 표지 뒷면의 지도)

와 함께 북방 4도를 잃어버렸다. 그 과정의 본질은 무엇인가? 이에 대해 생각하려면, 먼저 무엇을 위한 전쟁이었나, 패전의 과정은 어떠했는가, 일본 영토의 점령 과정은 어떠했는가, 본디 패전이란 어떤 의미를 지녔는가 등등, 이 모든 것을 정확하게 인식할 필요가 있다.

이 점에 대해 일본 외무성은 팸플릿 『우리의 북방영토』에서 다음과 같이 설명한다.

소련은 1945년 8월 9일, 당시까지 유효했던 일소중립조약日蘇中立條約을 무시하고 일본에 대한 전쟁에 참가했다. 그리고 8월 14일 일본은 포츠담Potsdam 선언을 수락하고 항복 의사를 밝혔으며, 이후 8월 18일 캄차카 반도에서 제2극동군이 진격해 지시마 열도의 점령을 시작해, 이듬해 3월 1일에 이르러 지시마 열도의 남단인 우루프(得撫, Urup) 섬의 점령을 완료했다. 이와는 별도로 사할린에서 진격한 제1극동군은 …… 미군이 없음을 확인한 북방 4도에 병력을 집중하여 8월 28일부터 9월 5일 사이에 에토로후 섬, 구나시리 섬, 시코탄 섬 및 하보마이 군도 모두를 점령해 버렸다. …… 당시 소련도 에토로후 섬 이남의 4도는 우루프 섬 이북의 섬들과는 전혀 다르다고 인식했으며, 에토로후 섬 이남의 4도 점령은 …… 일본의 고유영토라는 점을 충분히 알고서 점령했다는 사실이 드러났다. ── 『우리의 북방영토』, 1994년판 설명이 조금 이상하다. 일본이 1941년 12월 8일에 선전포고하고 미국·영국과 싸운 전쟁에 대해서는 전혀 설명하지 않는다. 그 전쟁과 소련 참전의 관련도 전혀 설명되어 있지 않다. 마치 일본은 어느 나라와도 전쟁을 하지 않았는데 갑자기 소련 공격을 받은 것 같다.

이러한 어법은 외무성 간부의 발언에서도 볼 수 있다. 외무 차관을 지내고 국제사법재판소의 판사를 거친 오와다 히사시小和田恒는 외무성을 대표하는 원로이다. 오와다는 자신의 저서『외교란 무엇인가外交とは何か』에서 다음과 같이 이야기한다.

북방 4도의 문제는, 근원을 거슬러 올라가면 스탈린 시대의 팽창주의 정책에서 비롯된다. 일본이 포츠담 선언을 수락함에 따라 일본과 소련의 정전이 실현된 후, 소련군이 북방 4도에 진공해 와서 불법으로 점거한 그대로의 상태가 계속되고 있다. 북방영토는 8월 15일 종전 이후 소련군이 들어와 그대로 줄곧 불법 점거한 상태이다.

오와다의 견해는, 소련군을 포함한 연합국과의 전쟁이 끝난 뒤 소련이 진공해 와서 북방영토를 불법 점거했다는 것이다.

이 주장을 좀 더 깊이 검토해 보면, '화재현장에서 돈을 버는 소련'이라는 이미지가 그려질 것 같다. 다음은 1955년 10월 6일 일본과 소련 교섭이 이루어질 때『마이니치신문每日新聞』에 실린 고이즈미 신조小泉信三의 의견이다. 전 게이오의숙慶應義塾의 교장이며, 황실 내에서 황태자의 교육을 담당하는 교육상시참여敎育常時參與를 지낸 인물이다.

> 다수의 일본인들은 마음속으로 소련이 종전 직전에 화재현장에서 돈을 벌었다고 생각한다. 일본이 소련과의 전쟁에서 패배했기 때문만은 아니다. 그런 소련이 화재현장에서 돈벌기를 해서 얻은 획득물은 모두 그대로 보유하면서 평화를 설파한다면 일본인의 귀에는 어떻게 들릴까.
> 일본과 소련 양국 관계에서 전쟁을 일으킨 것은 소련이고, 마지막까지 소련이라는 사실은 전혀 논쟁거리가 안 되며, 일본인이라면 모두가 그렇게 생각한다.

과연 소련의 참전과 점령은 이처럼 '화재현장 돈벌기'의 참전과 점령이었을까?

일본과 소련의 '기묘한 평화'

그 전쟁은 제2차 세계대전이다. 1894년 일본은 청일전쟁을 시작한 이후로, 북청사변北淸事變에 참가했고 러일전쟁을 치렀으며 조선을 강제병합하고 독일과 칭타오靑島 전쟁을 치른 뒤 시베리아

전쟁을 시작했다. 이어서 만주사변을 일으켜 만주국을 세웠으며, 중일전쟁을 벌여 전화戰火를 중국 전토全土로 확산했다. 이 전쟁이 수렁에 빠지자 1941년 12월 8일, 미국과 영국에 선전포고를 하여 태평양 지역 전역과 동남아시아로 전쟁을 확산시켰다. 전쟁은 이제 전 세계를 뒤덮어 버렸다.

이 전쟁에서 일본은 나치 독일 및 파시스트 이탈리아와 동맹을 맺어 '추축국'이라 칭하고, 미국·영국·중국 등의 '연합국'과 싸웠다. 미국·영국·중국의 입장에서 보면 일본·독일·이탈리아는 '악의 추축'이다. 나치 독일과 사투를 벌인 소련은, 유럽 전선에서 일본과 정면으로 맞선 미국과 영국의 동맹국이었다. 그러나 일본과 소련은 1941년 4월 13일에 체결한 일소중립조약에 따라 정상적인 국가관계를 유지했다. 전 세계가 두 진영으로 갈라져 전쟁을 벌였으나 일본과 소련만은 전쟁 상태가 아니었다. 독일은 일본에 끊임없이 대소對蘇 참전을 요청했고, 미국과 영국은 소련에 끊임없이 대일對日 참전을 요청했다. 일본이나 소련은 정면으로 맞붙은 적과의 전쟁이 마무리되면 배후背後의 적과도 전쟁할 수 있다는 태도를 취하고 있었다. '기묘한 평화'의 관계였다.

양 진영의 전쟁 목적

마침내 유럽 전선에서 처음으로 전쟁 국면이 바뀌었다. 1943년 여름 쿠르스크Kursk 전투에서 소련군은 독일군을 격파하고 드디어 추격전으로 들어섰다. 이때 일본군은 과달카날Guadalcanal, 부겐빌 Bougainville에서 옥쇄玉碎▸하고 후퇴전에 돌입했다. 미국은 최종적으로 일본 본토 진격작전을 펼치면 일본이 최후의 1인까지 옥쇄전을 하지 않을까 두려웠다. 미국은 소련에 대일 참전을 더욱 강하게 요청했고, 드디어 일소관계에 변화 조짐이 나타나기 시작했다.

그해 10월, 모스크바에서 미국·영국·소련 3국 외상회담이 열렸다. 루스벨트Theodore Roosevelt 대통령의 뜻을 받아 헐Cordell Hull 국무장관은 쿠릴 열도의 인도라는 담보를 제시해 소련이 대일 참전하도록 설득했다. 몰로토프Mikhailovich Molotov 외상은 회답을 미뤘으나 마지막 만찬에서 스탈린Joseph V. Stalin이 처음으로 헐 장관에게 "히틀러와의 전쟁에서 승리를 거둔 뒤 대일전에 참가하기로 결정했다"고 말했다. 헐은 한없이 기뻐하면서 흥분에 떨었다.

일본은 11월 6일 도쿄에서 동맹관계에 있는 아시아 제국의 대표들을 모아 대동아회의를 개최했다. 일본 대표 시게미쓰 마모루 외상이 이 회의를 주재했다. 타이·필리핀·버마·만주국·중화민국(왕자오밍汪兆銘 정권)·자유 인도의 대표가 참가한 이 회의에서 대동

▸ 일본에서 일반적으로 명예나 충절을 지켜 목숨 바치는 것을 가리킨다. 태평양 전쟁 당시, 외지에서 일본군이 전멸한 경우를 빗대어 육군대본영 발표에서 종종 사용한 용어이다. 동의어로 산화散華가 있다. 전멸이라는 표현이 국민에게 미칠 동요를 감안하여 조금이라도 누그러뜨리려고 '옥처럼 아름답게 부서져 흩어진다'는 인상을 심어 주기 위하여 사용했다.

아공동선언이 채택되었다. 대동아에서 '침략 착취', '예속화'를 추진해 온 미국·영국과 싸워 대동아를 '미국과 영국의 질곡에서 해방시키고', '자존자위自存自衛'를 이룰 것을 선언했다. 대동아 국가들은 '자주독립', '호혜롭게 제휴하고', '인종적 차별을 철폐하자'고 주장했다.

이에 대해 미국·영국·중국 3국 정상은 같은 달 카이로에서 회담을 갖고, 11월 27에 대일 전쟁의 목적을 밝히는 카이로 선언을 발표했다. 3국은 일본의 침략을 저지하고 일본을 징벌하기 위해 전쟁을 벌인다고 선언하면서 자국을 위해 무언가를 얻는다든가, 영토확장은 바라지 않는다고 표명했다. 그리고 일본을 '무조건 항복'으로 몰아가 만주·타이완 등 일본이 침략으로 빼앗은 모든 토지를 거두어들이고, '노예 상태'에 있는 조선을 독립시키겠다고 선언했다.

두 선언은 전쟁을 벌이는 양 진영의 전쟁 목적에 관한 선전이었다. 바야흐로 패배의 길을 걷던 일본의 선언이 추상적인 미사여구인 것에 비해, 승리를 향해 나아가던 미국·영국·중국 3국의 선언은 중국과 조선에 대한 일본의 침략을 명시하여 박력 있게 표현했다. 물론 이러한 선전 내용을 담은 선언은 전후에 엄밀하게 적용한다고 미리 정해 놓지는 않았다. 그 사실은 미국과 영국이 그 당시 평화적으로 일본 영토가 된 쿠릴 열도를 참전 보상으로 소련에 넘기기로 약속했다는 부분에서도 분명하게 나타나 있다.

미국의 요청과 얄타 회담

1944년에 들어서자, 소련은 독일군을 밀어붙여 바르샤바와 베오그라드까지 진군했다. 한편, 태평양에서는 6월 사이판 섬에서 일본군 수비대가 전멸하고, 기타규슈北九州에 B29의 폭격이 시작되었다. 7월, 도조 히데키東條英機 내각이 총사퇴하고 고이소 구니아키小磯國昭 내각이 등장했다. 시게미쓰 외상은 유임되었다. 그해 가을에 일본은 소련에 중립조약을 지키라고 요구하고, 다시 말해 미국과 영국의 대일 전쟁에 참가하지 말라고 요구하면서 독일과 소련 간의 화평을 알선한다는 외교를 구상했다.

육군도 특사 파견에 힘을 쏟았고, 시게미쓰 외상은 외무성 안을 마련했다. 전쟁 와중에 외무성은 아예 대소 외교만이 주요 업무였으므로 의욕이 넘쳤다. 문제는, 보상으로 소련에 무엇을 줄 것인가였다. 시게미쓰는 쓰가루津輕 해협의 통항 허가, 어업권 포기, 북만철도北滿鐵道의 양도, 만주·내몽골에서 소련의 세력 범위 승인, (일본·독일·이탈리아 3국 간) 방공防共 협정 폐기, 3국 동맹조약·협정의 폐기 등과 함께, 남 사할린과 북 쿠릴 열도의 양도를 내용으로 하는 안을 작성했다(『패전의 기록 참모본부 소장敗戰の記錄 參謀本部所藏』).

하지만 9월 16일, 소련이 특사의 수용을 거부하자 이때의 이야기는 흘러가 버렸다. 여기에서 미국이 소련에 쿠릴 열도를 모두 준다고 약속했음에도, 일본은 오로지 북 쿠릴 열도만 양도하기로 한 구상에서 이미 차이가 드러났음을 주목해야 한다.

사실, 이때 소련 외무성 내부에서도 일본에 대한 요구를 정리하고 있었다. 1944년 1월, 전 주영대사 마이스키Ivan M. Maiskii가 전후 구상을 몰로토프에게 제안하던 중에, 남 사할린(남 가라후토)의 반환과 쿠릴 열도의 인도를 요구할 필요가 있다고 말했다(*Istochnik*, 1995, No.4). 그리고 7월 주일대사 말릭Yakov Alexandrovich Malik이 모스크바에 보낸 보고서 가운데 문제 삼을 수 있는 27항목이 적혀 있었다. 마찬가지로 그 안에 남 사할린의 반환과 '전 쿠릴 열도'의 인도가 포함되었지만, 쓰시마對馬의 중립화 또는 소련 기지화까지 거론했다는 점이 눈에 띈다(요코테 신지橫手愼二, 「제2차 세계대전 시기 소련의 대일정책 1941-1944第二次大戰期の ソ 連の對日政策 1941-1944」). 소련은 일본에 대한 전쟁에 참가하기 전부터 일본과의 대립항쟁에 종지부 찍기를 바랐던 것이다.

그래서 열린 회담이 바로 루스벨트·처칠·스탈린의 얄타Yalta 회담이다. 1945년 2월에 열린 이 회의에서 소련의 대일 참전과 그 조건이 최종적으로 결정되었다. 바로 2월 11일에 조인한 얄타 비밀협정이다. 3국 정상은 먼저 독일과의 전쟁에서 승리를 거둔 다음 2, 3개월 뒤에 일본과의 전쟁에 소련이 연합국 측에 참가하기로 '합의했음'을 확인하고, 그 조건으로 '사할린 남부'의 반환과 쿠릴 열도의 인도, 현재의 외몽골은 그대로 유지, 다롄大連과 뤼순旅順 회복, 동청東淸철도와 남만南滿철도의 이권 회복을 약속했다. 세 정상은 '소련의 이 요구들은 일본이 패배한 뒤에 이의 없이 충족되어야 한다should be unquestionably satisfied'(영문), '무조건적으로bezuslovno 충족되어야 한다'(러시아어문)고 합의했다.

소련에 걸었던 일본의 환상

일본에서는 1945년 4월, 동해(일본해) 해전 당시 구축함대 사령관이었던 해군대장 스즈키 간타로鈴木貫太郎를 수반으로 한 새로운 내각이 꾸려졌고, 개전 당시 외상을 맡았던 도고 시게노리東鄉茂德가 다시 그 자리에 임명되었다. 일본 본토가 미군에게 공습을 당하고 오키나와 전투가 시작되던 중, 5월 8일 드디어 독일이 항복했다. 일본은 소련의 참전 가능성을 점점 더 고려해야 했다.

2012년 8월 15일에 방영된 NHK 스페셜 '종전―왜 빨리 결정되지 않았는가'에 따르면, 리스본 주재의 육군무관과 베른 주재의 해군무관이 5월, 6월, 7월 여러 차례에 걸쳐 얄타 회담에서 소련 참전의 밀약이 체결되었다는 전보문을 본국으로 보냈고, 이미 영국의 첩보기관에서 이 사실을 파악하고 있었다. 이 정보를 군 상층부가 어떻게 평가했는지는 명확하지 않다. 그러나 참모본부 제12과 (전쟁 지도指導 담당)에서는 과장 대행 다네무라 스케타카種村佐孝 대좌가 고심 끝에 소련에 대해 어떤 정책을 시행할지에 관한 의견서를 작성했다. '소련과의 전쟁을 절대적으로 피하기' 위해서는 소련 측이 '말하고 싶은 대로 실컷 이야기해도' 어쩔 수 없다, 일본은 '만주나 요동반도 또는 남 사할린, 타이완이나 류큐琉球, 북 지시마, 조선을 미련 없이 팽개치고 청일전쟁 이전의 태세로 돌아가' 일소전쟁을 피해야 한다고 주장했다. 다시 말해 오키나와까지 포기하고 남 지시마만 남겨두면 된다는 생각이었다(『패전의 기록 참모본부 소장』).

도고 외상도 이 부분에 대해서는 무사태평이었다. 5월에 열린 '최고전쟁지도회의 구성원회의'에서 외상이 주도권을 쥐고 소련에 대한 양보안을 결정했는데, 그 양보안에는 남 가라후토의 반환은 당연하며 '경우에 따라서는 북 지시마를 양도해도 어쩔 수 없다'는 정도였다. 조선은 일본 손에 '유보'하고, 남만주는 중립지대로 하여 되도록 만주제국의 독립을 유지하는 것을 목표로 한다. 이는 남 지시마는 물론 조선이나 만주를 계속 보유하려는 안이었다. 이 외무성 안을 가지고 히로타 고우키廣田弘毅가 말릭 대사와 교섭하려 했으나 상대해 주지 않았다. 소련은 얄타 협정에 기초하여 참전하기로 결정했으므로 일본이 제시한 그 정도의 안으로는 마음이 움직이지 않았던 것이다.

이때 오키나와 전투는 마지막 국면으로 치달아 섬 전체의 전멸이라는 비참한 결말이 다가오고 있었다. 육군은 본토 결전을 향한 의사를 굳히고 6월 8일 어전회의▸에서 '거국일치擧國一致 황토결전皇土決戰'의 방침을 결정하기로 했다. 이른바 '1억 옥쇄'▸의 결의였다. 그러자 일본 정부 내의 화평파和平派는 매우 깊이 우려하여, 기도 고이치木戶幸一 내대신內大臣▶의 노력으로 천황을 움직여 7월 10일, 고노에 후미마로를 천황 특사로 소련에 파견하기로 결정했다. 이때 고노에의 참모가 작성한 양보안은 제1장에서 이미 소개했다. '어쩔 수 없다면 고유본토로 만족한다'는 안이다. '고유본토의 해석에 대해서는 가장 아래쪽 오키나와, 오가사와라 섬, 사할린을 버리고, 지시마는 남부를 보유하는 정도로 할 것'이라는 내용은 참모본부의 다네무라 안에 동조한 것이었다.

하지만 소련은 7월 18일, 고노에 사절의 임무가 불명확하여 뭐라고 대답할 수 없다는 거부 회답을 보내왔다. 그래도 외무성은 계속 소련에 기대를 걸었다. 이는 외교적으로 치명적인 실패였다. 소련이 참전할 가능성을 염두에 두지 않고, 소련에 기대를 계속 걸었다는 점에서 전시 중 일본 외무성의 무능력함을 모두 드러낸 셈이다.

▶ 일본의 옛 헌법에서 천황이 대신들을 모아놓고 주재하는 회의를 '어전회의'라 했다.
▶ 태평양전쟁 당시 일본군의 슬로건 가운데 하나. 일본 본토 결전에서는 국민 모두가 전멸할 각오, 즉 옥쇄의 각오로 임한다는 의미이다.
▶ 패전 전의 일본에 존재했던 정부기관의 하나로, 궁정의 문서 사무 등을 관장했던 내대신부內大臣府의 장을 가리킨다. 1885년에 창설되어 1945년에 폐지되었다.

포츠담 선언

이러한 상황에서 7월 26일에 미국·영국·중국 3국은 포츠담 선언을 일본에 들이댔다. 포츠담 선언은, 더 이상 전쟁을 계속하면 '일본국 군대의 …… 완전한 괴멸'과 함께 '일본국 본토의 완전한 파괴'가 될 것이라 경고하고, 군국주의적인 조언자들에게 계속 끌려다니면서 휘둘릴지, 아니면 이성의 길에 설 것인지를 선택하라고 강요했다. 구체적으로는, 일본 정부는 조건을 받아들이고 항복할 것, 일본 군대는 무조건 항복할 것을 요구했다. 그리고 "우리의 조건terms은 다음과 같다"고 하면서, 군국주의를 몰아내고, '일본 국민을 기만하고 이로써 세계 정복이라는 전쟁을 일으킨 중대한 과오를 범한 자들을 권력 및 세력'으로부터 영구 제거하는 것을 비롯해 7개 항목의 조건을 내세웠는데, 그중 영토에 관한 조건도 있었다.

> 카이로 선언의 조항은 이행되어야 하며, 또한 일본국의 주권은 혼슈, 홋카이도, 규슈 및 시코쿠 그리고 우리가 결정하는 작은 섬들에 국한하도록 한다.

외상 도고 시게노리는 포츠담 선언에 대한 인상을 훗날 자신의 수기에서 다음과 같이 밝혔다.

카이로 선언에 따라 조선의 독립은 별도 문제로 하더라도 타이완 등의 반환은 필요하고, 또한 일본의 영토는 혼슈, 홋카이도, 규슈 및 시코쿠 이외에 연합국이 결정하는 작은 섬들에 국한한다고 하므로, 대서양헌장에 견주어 보면 적합하다고 생각할 수 없는 부분이 있다.

— 「**시대의 일면** 時代の一面」

도고는 포츠담 선언을 수락할 수밖에 없다는 생각이었지만 영토 조항에는 불만이었다. 일본이 남 지시마 이외에 모두 버릴 작정으로 소련에 알선을 부탁하려고 했음에도 포츠담 선언을 들이대자 싸우려고 했다. 이 선언의 수락을 연기하면 어느 정도 비참한 결과를 가져올지, 도고는 상상조차 할 수 없었다.

도고 외상은 마쓰모토 슌이치松本俊— 외무차관에게 포츠담 선언에 대해 '법률적 관점에서 엄밀한 검토를 덧붙이라'고 명했다. 연합국과 교섭하여 '불리하고 불명확한 점을 어느 정도라도 수정하고 싶다'고 생각했기 때문이다. 도고는 여전히 소련의 중개를 통한 강화講和를 갈망하는 치명적인 환상에 사로잡혀 있었다.

그러는 와중에, 스즈키 간타로 수상은 군부에게 떠밀려 7월 28일에 가진 기자회견에서 포츠담 선언은 '중대한 가치가 있다고는 평가하지 않으며 오히려 묵살'한다고 발표해 버렸다. 모스크바에서는 7월 30일 사토 나오타케佐藤尚武 주소련대사가 로조프스키Lozovsky 차관을 만나 포츠담 선언은 "무조건 항복을 강요하고 있지만 일본 정부로서는 무조건 항복을 도저히 문제 삼지 않을 수 없다"며 거부의 태도를 분명히 하고, 소련의 알선을 거듭 요청했다. 이 또한 치명적인 태도 표명이었다.

히로시마 원폭 투하

치명적인 일주일을 허비한 결과는 히로시마의 원폭 투하였다. 맨 먼저 미국은 8월 6일 히로시마에 원자폭탄을 투하했다. 그 피해와 참상은 곧바로 도쿄에 전해지지 않았다. 기도 내대신의 일기에도 6일의 기록은 없고 7일 날짜로 다음과 같은 문장이 있을 뿐이다.

> 정오, 전례대로 궁상실宮相室▶에서 회식. 어제 아침, 히로시마 시에 미국이 원자폭탄을 사용, 피해 심각, 사상자 13만여 명이라는 보고를 받다. 1시 반부터 2시 5분까지 서고書庫에서 배알, 시국 수습에 대해 걱정하셨다. 여러 가지 하문이 있었다. ― 「기도 고이치 일기木戶幸一日記」 하권

원자폭탄 피해는 이틀째에 알게 되지만, 그래도 일본 천황이나 내대신이 결정적인 결단을 내리는 모습은 보이지 않는다.

한편, 도고 외상은 "7일 오후 관계 각료의 회합이 있었고, 육

▶ 패전 전의 제도에서, 황실에 관한 사무를 보던 궁내성宮內省의 장관인 '궁내대신'의 집무실.

군대신 및 내무대신에게서 보고가 있었지만 육군은 다시 조사 결과를 파악할 필요가 있다면서, 원자폭탄 공격이 있었다는 것을 인정하지 않았고, 되도록 폭격의 효과를 가볍게 여기려는 모습을 보였다"고 썼다(『시대의 일면』). 도고도 이날 모스크바의 사토 대사에게 '형세가 점점 더 핍박하니', 소련 측의 '확실한 태도'를 빨리 알고 싶다고 전보를 보냈다. "일본 정부는 이와 같은 핍박사태에서도 소련의 중개로 전쟁을 끝내려는 지금까지의 정책을 그대로 답습했다"고 하세가와 쓰요시長谷川毅가 『암투暗鬪―스탈린, 트루먼과 일본 항복暗鬪―スターリン,トルーマンと日本降伏』에서 지적했다(하권, 29쪽).

스즈키 수상은 7일의 단파방송을 통해 원자폭탄이었음을 알고, "나는 전쟁을 끝내는 것밖에는 길이 없다고 분명히 결의하기에 이르렀다"고 자서전에 적었다. 게다가 이날 정부는 "원자폭탄의 진위를 확인하기 위해 육해군의 과학진을 총동원하여 히로시마의 현지 검증을 시행했다"고 했다(『스즈키 간타로 자서전鈴木貫太郎自傳』).

8일이 되자 도고 외상은 천황을 찾아가 원자폭탄에 관한 미국의 발표와 관련사항을 상세히 보고하고, 드디어 "이를 기회로 삼아 전쟁 종결을 결정하는 것이 마땅하다"고 했다. 천황은 그러한 무기가 사용된 이상 전쟁을 계속하는 것이 불가능해졌으니, "되도록 빨리 전쟁을 종결할 수 있도록 진행하기를 희망한다"고 수상에게 전하겠다고 했다(『시대의 일면』).

8월 8일, 소련 참전

바로 그날 8월 8일, 소련은 예정을 앞당겨 일본에 선전포고를 했다. 이는 그때까지 유효했던 일소중립조약을 거스르는 행위였음이 틀림없다. 외상 몰로토프는 모스크바 현지 시각으로 8일 오후 5시, 일본 시각으로는 오후 11시에 사토 대사를 불러 선전포고를 통보했다. 그 선전포고에는, 일본 군대의 무조건 항복을 요구하는 포츠담 선언을 일본이 거부함으로써 소련에 대한 일본 정부의 알선 제안 자체가 사라졌음을 첫 번째로 들었다. 이어서 연합국이 평화의 시기를 앞당기기 위해 대일對日 참전할 것을 제안했으므로 소련은 그 제안을 수락하여 포츠담 선언에 참가하기로 결정했다고 하며, 소련의 참전은 더 많은 위험과 파괴에서 일본 국민을 구해내는 유일한 수단이기에 9일부터 전쟁 상태에 돌입한다고 선언했다(『종전사록終戰史錄』).

이에 대해 하세가와는 연합국에서 소련의 포츠담 선언 참가를 요청했다는 것은 '새빨간 거짓말'이라고 했지만(『암투』, 하권, 48쪽), 이는 지나친 표현이 아닌가 싶다. 참전 요청이 계속 있었던 것은 사실이다. 마지막에 소련이 참전하기 전, 미국이 자국의 힘만으로 일본을 굴복시키려고 계획했음은 분명한 사실이지만, 미국과 영국의 참전 요청에 응해 얄타에서의 합의에 기초하여 소련이 참전했음은 움직일 수 없는 사실이다. 소련은 참전과 동시에 포츠담 선언에도 참가했다. 이 시점에서 소련은 연합국의 일원이 되었다.

소련군은 9일 새벽부터 공격을 시작했다. 스즈키 수상은 사코미즈 히사쓰네迫水久常 서기관장에게서 아침 일찍 이 소식을 전해 들었을 때의 심정을 다음과 같이 회고했다.

> 나는 순간, 만주와 소련 국경을 둑을 잘라내듯이 쳐들어오는 전차군이 상상되었고, 만주의 수비대가 본토 작전의 형편상 중요한 부분을 본국으로 이송하는 모습이 떠올랐다. 이대로 소련의 진공을 맞이한다면 2개월도 견딜 수 없으리란 생각이 들었다. '결국 종전의 마지막 순간이 왔구나!' 나는 마음속으로 말하며 옆에 있던 사코미즈 군에게 조용히 "드디어 올 것이 왔군"이라고 말했다. 그리고 지금 폐하의 의중을 실행에 옮겨야 한다고 생각했다. ── 「스즈키 간타로 자서전」

도고 외상은 외무성의 라디오실에 걸려온 전화로 소련 참전을 전해 들었다. 마쓰모토 슌이치 차관 일행은 전화를 받고 사택으로 달려왔고, 시부사와渋澤 조약국장도 불려와 외무성 수뇌 협의가 이루어졌다. 마쓰모토는 "황실에 관한 사항은 잠시 미루고 포츠담 선언을 그대로 수락하는 것에 대해서는 4명의 의견이 일치했다"고 말했다. 그리하여 외상이 수상을 찾아가 전쟁 종결을 단행할 필요가 있다고 제의했다. 수상과 외상은 최고전쟁지도회의 구성원회의를 열기로 결정했다. 도고는 외무성으로 가던 중에 해군성에 들러 요나이 미쓰마사米內光政 해군상과 함께 이야기했다. 요나이는 원자폭탄 투하에 뒤이은 소련의 참전을 '천우天佑'라고 받아들였다. 그는 그후 8월 12일, 부하인 다카기 소키치高木惣吉에게 다음과 같이 말했다.

> 나는 내 말이 부적당하다고 생각하지만, 원자폭탄과 소련의 참전은 어떤 의미에서 천우라고 생각한다.
>
> —「해군대장 요나이 미쓰마사 각서海軍大將米內光政覺書」

이때 해군성에는 일본 천황의 둘째 동생 다카마쓰노미야高松宮가 있었다. 그 자리에서 도고는 다카마쓰노미야에게 왜 포츠담 선언을 수락해야 하는지에 대해 설명했다.

> 전하께서 영토문제에 대해서 어떻게 안 되겠는가라고 말씀을 하셨기에, 그 점에 대해서도 고려해 왔으므로 방법이 있다면 어떻게 해 보고 싶지만, 이 시점에서는 아마도 도리가 없을 것이라 말씀드리고 물러났다. —「시대의 일면」

외상도 영토 조건에는 불만이었지만, 이제는 그 조건을 받아들여 항복할 수밖에 없다고 마음속으로 결정했다. 문제 삼아야 할 것은 영토 따위가 아니라 국체國體의 존속이었다. 그것만 지켜진다면 포츠담 선언을 수락할 수 있다는 생각이었다.

기도는 9시에 소련 참전 소식을 듣고 궁으로 달려와 일본 천황의 말을 받아 적었다.

소련이 우리나라에 선전宣戰을 하여 오늘부터 교전상태에 들어갔다. 이제부터 전국의 수습에 대해 신속하게 연구·결정할 필요가 있다고 생각하므로, 수상과 충분히 이야기를 나누라는 분부가 있었다.

—— 「기도 고이치 일기」 하권

소련의 참전은, 일본 정부 내의 화평파들에게 결정적인 행동을 즉시 취하도록 압력을 가한 것이 분명하다.

일본 정부, 항복하다

10시 10분, 스즈키 수상이 기도를 방문하여 천황의 의중을 들었다. 이때 이미 최고전쟁지도회의 구성원회의가 소집되어 있었다.

이 회의는 수상·외상·육군상·해군상·육군참모총장·해군 군령부장의 6명으로 구성되었다. 11시부터 궁의 방공호에서 열린 이 회의에서 외상이 포츠담 선언의 수락을 제안했다. 조건은 '국체國體 호지護持', 이 한 가지만으로 한다는 것이 주장의 요체였다. 요나이 해군상은 여기에 찬성했으나 아나미 고레치카阿南惟幾 육군상은 그

선언을 수락하는 조건으로 국체 호지 외에 본토 점령은 하지 않을 것, 외국에 주둔하고 있는 군대는 자발적으로 철수하고 복귀할 것, 전쟁 범죄인의 처벌은 일본 측이 행할 것 등의 4가지를 주장했다. 참모총장과 군령부장이 이 안에 찬성했다. 군 수뇌부 역시 소련 참전 후 포츠담 선언의 수락 자체는 반대할 수 없었지만, 이러한 주장은 모양새만 바꾼 수락 반대론이었다. 세 시간에 걸친 회합은 의견이 대립된 상태로 휴회가 되었다.

그 사이, 고노에 후미마로의 측근인 호소카와 모리사다(細川護貞, 훗날 수상이 된 호소카와 모리히로細川護熙의 아버지)는 다카마쓰노미야에게 소련 참전 소식을 듣고는 '이 또한 실로 절호의 기회가 될 수 있으므로' 다카마쓰노미야가 내각을 꾸려 신속하게 영국·미국과 화평을 강구해야 한다고 진언했다. 다카마쓰노미야가 고노에에게 그리하라고 지시해 모리사다는 자동차를 빌려 오전 11시 반, 고노에를 찾아갔다. 고노에는 "부인과 점심 식사 중에 소련 참전 소식을 듣고 (육군을 억제하기 위한) '천우일지도 모르겠다'고 생각해 곧바로 준비하여" 기도 내대신을 방문했다(『호소카와 일기細川日記』).

그 와중에 최고전쟁지도회의 구성원회의가 열린 오전 11시, 미국은 두 번째 원자폭탄을 나가사키長崎에 투하했다. 원자폭탄 투하는 일본 정부의 태도 결정에 아무런 영향도 주지 못했다. 미국이 히로시마 원자폭탄 투하와 소련 참전의 효과를 확인하지 않고 자국의 힘만으로 전쟁을 종결하겠다고 선전하기 위해, 그리고 히로시마에 투하한 우라늄형 폭탄과는 다른 플루토늄형 폭탄을 실험하기 위해 벌인 행위였다면, 분명 용서받을 수 없는 제노사이드, 전쟁 범죄라고 하지 않을 수 없다.

게다가 2011년 8월 9일에 방영된 NHK 스페셜 '원폭 투하─활용되지 않은 극비 정보'에서, 참모본부는 특종 정보부를 극비리에 설치해 감청한 결과, 히로시마에 원자폭탄을 투하한 B29에서 발신한 콜 사인을 포착했으며, 나가사키에 투하한 날에도 같은 콜 사인을 5시간 전에 포착하여 참모본부에 보고했다는 사실이 밝혀졌다. 하지만 참모본부는 그 보고를 듣고도 나가사키에 경계경보를 내리지 않았고, 오무라大村 해군항공대기지에 요격기의 발진 명령을 내리지도 않았다. 나가사키 원자폭탄 투하를 저지할 수 있었음에도 그 명령을 내리지도 못할 정도로 참모본부의 기능이 마비되었던 것이다. 자국민의 생명을 지키기 위해 아무것도 할 수 없는 군대의 마지막 모습이었다.

각료회의는 오후 2시부터 열렸다. 도고 외상은 국체 호지라는 한 가지 조건만으로 수락하자고 주장하여 육군상과 다시 대립했다. 각료회의의 다수 의견은 외상을 지지했다.

그러는 사이, 오후 4시 고노에 등의 부탁으로 시게미쓰 전 외상이 기도를 방문해 (육군상이 제시한) 4조건을 내걸면 협상은 분명히 결렬될 것이라는 의견을 제시했다. 기도는 이 의견도 천황에게 전달했다.

각료회의에서 의견 일치를 보지 못하고 휴회하자, 스즈키 수상은 도고 외상과 함께 궁으로 들어가 최고전쟁지도회의인 '어전회의'의 소집을 요구했다.

이 어전회의는 오후 11시 50분부터 열렸다. 특별히 출석을 요청받은 히라누마 기이치로平沼騏一郎 추밀원樞密院 의장이 1조건 안에 찬성했지만, 수상을 제외한 의견이 3대 3으로 나누어졌다. 이에 따라 스즈키 수상이 천황에게 의견을 구했고, 천황이 1조건 안의 수락에 찬성하여 마침내 결정이 내려졌다.

일본의 수락 전보문에 대한 연합국의 회답을 둘러싸고 또다시 화평파와 주전파主戰派가 대립하자 이번에도 '성단聖斷'▶에 맡기는 과정이 되풀이되었다. 그리고 8월 14일, 전보를 쳐서 포츠담 선언을 수락한다는 최종 회답을 알리기에 이르렀다.

종전을 결정한 것은 무엇인가

일본을 포츠담 선언 수락으로 이끈 것은 원자폭탄 투하인가, 아니면 소련의 참전인가라는 물음이 오랫동안 연구자들 사이에서 제기되어 왔다. 최근 들어 하세가와 쓰요시는 저서 『암투—스탈린,

---

▶ '천황의 결단'을 의미하며, 여기에 법적 규정은 없다. 옛날부터 천황을 '성상聖上'이라 부르고, 천황의 행동 등에 '성聖'을 붙이는 경우가 많았는데, '성단'은 특히 중요한 정치적 결정을 내릴 때 주로 사용하는 용어이다.

트루먼과 일본 항복』에서 미국·소련·일본 자료를 종합한 결과, 소련 참전이 결정적이었다고 주장했다. 이 주장과는 대조적으로, 아사다 사다오麻田貞雄는 원자폭탄 투하가 결정적이었다고 주장했다. 나는 하세가와의 주장을 보다 지지하는 편이지만, 원자폭탄 투하의 영향도 무시할 수 없다는 입장이다.

도고 외상과 함께 일본을 화평으로 이끈 외무성의 노력을 대표했던 마쓰모토 슌이치 차관은 1952년 시점에서 "종전을 결정한 것은 원폭인가, 소련의 참전인가? 이는 보는 사람에 따라 다를 것이다. 나는 이 두 가지가 서로 관련되어 결정적인 것이 되었다고 생각한다"고 기록했다(마쓰모토 수기, 『종전사록』). 기도 내대신은 훗날 1967년 국회도서관과의 인터뷰에서 다음과 같이 말했다.

잘 나갈 때에는 일이 술술 풀립니다. 거꾸로 원자폭탄도 도움이 되고, 소비에트의 참전도 됩니다. 모두 잘 풀리는 요소가 되었지요. 소비에트나 원폭이 그렇게 해 주었기 때문에 이 정도라도 일본이 부활했다고 할 수 있습니다. ─ 「아사히신문」, 1989년 2월 20일

원자폭탄 투하로 겪은 잔혹한 고통을 생각한다면, 소련 참전의 결과에서 비롯된 복잡한 고통을 생각한다면 기도의 말을 평온한 마음으로 들을 수는 없지만, 히로시마 원자폭탄 투하와 소련 참전이 일본 정부의 항복 결정에 영향을 미쳤다는 현실은 직시해야 한다

고 생각한다.

1945년 8월 일본의 상황에서 소련의 참전은 히로시마 원자폭탄 투하와 마찬가지로 '성단'을 이끌어내기 위한 '천우'였다고 생각해야 할 것이다. 스스로의 힘으로 전쟁을 종결시킬 수 없었던 일본인으로서는 어쩔 도리가 없는 일이었다.

포츠담 선언을 수락했다는 것은, 영토문제에 대해 혼슈·홋카이도·규슈·시코쿠로 일본의 주권이 한정된다는 사실을 받아들이고, 그밖에 작은 섬들minor islands 가운데 어떤 섬이 일본에 남을지는 연합국 결정에 따른다는 의미였다.

8월 15일, 일본 천황의 방송 후에 읽어 내려간 포츠담 선언을 듣고서 냉정한 어느 자연과학자는 그날 일기에 다음과 같이 썼다.

> 총리대신의 방송. 그 방송에서 항복 조건을 읊고 있다. 혼슈·시코쿠·규슈·홋카이도는 남았다. 우선은 만만세다. '1억 옥쇄'하지 않고 끝난 것은 정말 다행이다.
>
> — 도미즈카 기요시富塚淸, 『80년 인생 기록八十年の生涯の記錄』

일본은 청일전쟁 이후로 여러 전쟁을 일으켜 타국의 영토를 빼앗아 왔다. 러시아와의 러일전쟁으로 사할린 전토를 점령하고 그 할양을 요구했지만 남 사할린을 얻는 것에 그쳤다. 그러나 이 전쟁에서 조선 전토을 점령하고, 그 나라를 자국의 것(식민지)으로 삼는 데 러시아에 인정하도록 했고, 이윽고 조선 전역을 강제병합했다. 그러므로 전쟁에서 졌다면 지금까지 빼앗았던 영토를 돌려주는 것은 당연하며, 자국의 본래 영토를 빼앗겨도 어쩔 도리가 없다. 대서양헌장▶에서 영토확장은 하지 않겠다고 선언하지 않았느냐고 우기면서, 자국이 전쟁에서 이겼을 때는 타국의 영토를 빼앗는 것은 당연하고, 전쟁에 졌을 때 자국의 영토를 빼앗기는 것은 법과 정의에 어긋난다는 주장은 제멋대로라는 말을 듣기 십상이다. 그러므로 포츠담 선언을 수락했을 때 일본 국민은 영토를 잃어버릴 각오를 했다. 혼슈·시코쿠·규슈·홋카이도가 남았으므로 만만세라고 표현한 자연과학자의 감상은 국민 모두의 감상이었다고 생각한다.

트루먼과 스탈린

8월 14일, 일본이 포츠담 선언의 수락을 통고할 때 소련군은 만주·조선·사할린에서 공격 중이었다. 만주의 주요 도시는 한 군데도 함락되지 않았고, 쿠릴 열도는 전쟁 범위 밖에 있었다. 소련군

▶ Atlantic Charter. 1941년 8월 9일~12일에 개최된 대서양 회담에서 영국 수상 윈스턴 처칠과 미합중국 대통령 프랭클린 루스벨트가 조인한 헌장. 영국과 미국의 영토 확장 의도의 부정, 영토변경시에 관계 국민들의 의사 존중, 정부 형태를 선택하는 인민의 권리, 자유무역 확대, 경제협력 발전, 공포와 결핍으로부터 자유의 필요성, 항해 자유의 필요성, 일반적 안전보장을 위한 구조의 필요성 등이 주된 내용이다.

참모본부는 15일, 일본군에 대해 전투 정지와 항복 명령이 아직 내려지지 않았다는 이유로 전투를 계속한다고 발표했다. 분명히 대본영은, 이날 '현재의 임무를 속행할 것'이라는 명령 이외에 그 어떤 전투행위 정지 명령을 내리지 않았다.

이날 15일, 트루먼Harry S. Truman 대통령은 일본군이 반드시 이행해야 할 항복에 대한 지시 〈일반명령 제1호〉안을 스탈린에게 보냈다. 이 안에는 미군·중국군의 점령지역과 함께 소련군의 점령지역인 '만주·북위 38도 이북의 조선·사할린'이 거론되었다. 하지만 쿠릴 열도는 어느 군의 점령지역에도 포함되지 않았다. 이는 이미 미국 정부 내에서 장차 쿠릴 열도에 대해 얄타 협정을 재검토하려는 구상과 관련이 있다.

트루먼의 제안에 스탈린은 충격을 받았다. 얄타 협정을 짓밟는 것은 아닌지, 스탈린은 큰 불안과 분노를 품고 8월 16일 트루먼에게 답신을 보냈다. 조선의 분할점령은 문제없이 받아들이겠지만, 일본군이 소련군에게 넘겨줄 구역에 '크리미아에서 내린 3대국의 결정에 따라 이전해야 하는 소련의 영유에 쿠릴 열도 전역all the Kurile Islands'을 포함시킬 것을 요구하고, 동시에 홋카이도의 북부도 소련군의 점령지역에 넣어 달라고 제안했다. 홋카이도 북부 점령안은 충격적이지만, 이는 쿠릴 열도에 관한 약속을 지키라는 스탈린의 술수였음이 나의 연구 결론이다. 하세가와는 나의 의견에 반대하지만, 그 반대 근거가 미약하다고 생각한다.

스탈린 측에서는 적어도 8월 14일에 지시마 상륙작전을 착수하라고 지시했던 것 같다(슬라빈스키Boris Nikolayevich Slavinski, 『지시마 점령－1945년 여름千島占領－1945年夏』). 14일 밤, 소련 극동군 총사령관 바실레프스키A. M. Vasilevsky가 제2극동방면군 사령관인 푸르카예프M. A. Prukayev와 북태평양 함대사령관 유마셰프I. S. Ymashev에게 북쿠릴 상륙작전의 준비와 실시에 관한 명령을 내렸다. 15일, 제2극동방면군 군사회의에서 캄차카의 소련군은 쿠릴 열도 가운데 슘슈Shumshu 섬, 파라무시르Paramushir 섬, 오네코탄Onekotan 섬의 상륙작전을 48시간 안에 시작하라고 명령했다.

연합국군 최고사령관 맥아더의 전투정지 명령은 8월 16일 오전에 내려졌고, 이 명령을 받아 대본영은 16일 오후 4시 즉시 정전停戰 명령을 하달했다. 이 명령을 받은 관동군은 막료회의를 열어 격론 끝에 정전을 결정했으며, 17일 이른 아침 각 부대에 통신문을 보냈다. 그 사이에도 전투는 계속되었다.

한편, 스탈린의 회신을 받아든 트루먼은 조선의 분할점령을 인정받은 것에 안도했지만, 홋카이도의 분할점령은 깨끗이 거부하고, 쿠릴 열도에 대해서는 소련의 요구를 들어 주기로 했다. 이 취지를 17일에 회신하면서, 쿠릴 열도 중앙에 항공기지를 두고 싶다는 뜻을 덧붙였다.

소련군의 지시마 점령

만주에서는 17일에야 겨우 관동군과 소련군과의 통신이 교환되었다. 소련 극동군 총사령관 바실레프스키는, 몇 군데 전선에서 일본군이 반격에 나서고 있으니 이에 따라 8월 20일 정오를 기해 전투를 중지하고 포로가 될 것을 제안한다는 회답을 방송했다. 관동군 사령관 야마다 오토조山田乙三는 8월 18일 오전 3시 30분, 항복의 모든 조건을 이행할 용의가 있음을 라디오를 통해 소련군에게 전달했다.

슘슈 섬 상륙작전 부대가 캄차카를 출발한 것은 8월 17일 오전 4시였다. 18일 오전 4시, 일본 시각으로는 오전 2시에 슘슈 섬 북단의 고쿠탄(國端, 러시아명 코쿠탄Kokutan) 곶崎에 소련군의 상륙용 함정이 접근하자 일본군이 포격을 퍼부어 격렬한 전투가 벌어졌다. 전투는 하루 종일 이어졌다. 18일 저녁, 삿포로의 제5방면군으로부터 슘슈 섬 부대에 "전투를 중지하고 자위自衛전투로 이행하라"는 명령이 내려왔다. 일본군에서 교섭 임무를 띤 군사軍使를 파견했지만 대화가 금방 정리되지 않아 전투는 계속되었다. 21일이 되어서야 겨우 방면군으로부터 전투를 중지하고 즉시 무기를 인도하라는 명령이 전달됨에 따라 정전이 실행되었고, 23일에 일본군의 무장해제가 이루어졌다. 이때의 무의미한 전쟁으로 일본과 소련 병사 다수가 사망한 것은 매우 안타까운 일이었다.

그 사이에 스탈린은 8월 22일 트루먼에게 편지를 보내어 홋카이도 북부 점령을 거부한 것은 '뜻밖'이라고 하면서, 쿠릴 열도에 '상시적常時的 공군기지'를 두고 싶다는 미국의 요구를 거부한다고 했다.

소련군의 북 지시마 진주는, 이후 〈일반명령 제1호〉에 따라 평온하게 진행되었다. 캄차카로 나아간 제2극동방면군의 부대가 잇따라 섬에 상륙하여 일본군의 무장해제를 수행했다. 파라무시르 섬에는 24일에 상륙하여 25일 무장해제, 마투아(Matua, 松輪) 섬에는 25일에 상륙하여 26일 무장해제를 끝낸 상황이었다. 그리고 우루프 섬에는 29일에 상륙하여 30일 무장해제가 이루어졌다.

남 지시마에 진주한 부대는 해군 부대와 사할린 섬에서 온 부대였다. 8월 26일에 명령이 내려져 27일 밤 에토로후 섬에 최초의 소련군 부대가 상륙했다. 이곳에서 일본군의 무장해제가 이루어진 것은 29일이었다. 사할린 섬에서 온 부대가 구나시리 섬에 상륙한 것은 8월 30일이었다. 9월 1일에 구나시리 섬과 시코탄 섬에서 무장해제가 이루어졌다. 이곳까지의 쿠릴 열도를 소련군 점령 지역으로 한다는 〈일반명령 제1호〉에 따른 연합국군으로서의 진주였다.

하보마이 군도는 명확한 명령을 따르지 않고 현장에서 즉시 판단하여 점령했다. 현장 책임자 치체린Chicherin 소좌는 작전계획을 제출하라는 지시를 받았지만 9월 3일부터 4일에 걸쳐 독단적으

로 작전을 실행했다. 러시아의 역사가 슬라빈스키에 따르면, 북태
평양함대 사령부는 이 점령을 사후事後 승인한 뒤에 높이 평가했
다. 현장 지휘관은 하보마이 군도가 쿠릴 열도에 포함되는지의 여
부를 판단할 수 없어 시코탄 섬과 이어진 섬이니 모두 한 묶음이라
고 여겼을 것이다. 그런데 미국 역시 이를 묵인하고 문제 삼지 않
았다.

하보마이 군도의 점령에는 이러한 문제가 벌어졌지만 그밖의
소련군 진주는 연합군 결정에 따른 점령이므로 일본은 포츠담 선
언에 따라 받아들여야 했다. 그러므로 팸플릿에 기록된 외무성의
인식은 완전히 역사적 사실을 거스르고 있다.

스탈린의 승리 선언

9월 2일, 미주리 호 함상에서 종전 후에 다시 임명된 시게미쓰 외
상이 항복문서의 조인調印과 더불어 〈일반명령 제1호〉에도 조인했
다. 이날 스탈린은 일본에 대한 승전을 축하하며 전 국민에게 메시
지를 발표했다. 스탈린은 '일본 침략자'가 '우리나라'에 중대한 손
해를 끼쳤다면서 러일전쟁, 시베리아 전쟁, 노몬한Nomonhan 사건▶

▶ 1939년 5월부터 그해 9월에 걸쳐, 만주국과 몽골의 국경 지역에 있는 노몬한 산을 둘러싸
고 벌어진 소련군과 일본 관동군의 무력 충돌 사건. 일본에서는 '노몬한 사건', 소련과 몽골
인민공화국에서는 '할힌골Khalhyn Gol 전투'라고 부른다.

에 대해 언급한 뒤 유명한 다음의 구절을 내뱉었다.

> 그러나 1904년 러일전쟁 기간의 러시아군의 패배는 인민의 의식에
> 고통스러운 기억을 남겼다. 이 패배는 우리 역사에 오점으로 남았다.
> 우리 인민은 일본이 패배하여 오점을 한꺼번에 없애는 날이 오리라
> 믿고 기다려 왔다. 우리, 구세대 사람은 이날이 오기를 40년 동안 기
> 다렸다. 그리고 마침내 그날이 왔다. 오늘, 일본은 스스로의 패배를
> 인정하고 무조건 항복문서에 조인했다.

스탈린의 이 말은 여러 각도에서 판단할 수 있다. 그러나 일본과
러시아는 근현대사에서 네 차례나 전쟁을 벌였다. 그 과정에서 러
시아인들에게 그 같은 굴욕감이 남아 있었다면 일본 국민은 이를
명확하게 인식해야 한다고 생각한다. 러일전쟁에서 동해(일본해)
해전의 승리는 일본에는 빛나는 역사이지만 패배한 러시아로서는
잊을 수 없는 굴욕의 역사였던 것이다.

　전쟁이 끝났을 때, 남 사할린(남 가라후토)에는 군인을 제외한
일본인 주민 36만 8천 명이 살고 있었다. 더구나 징용으로 연행된
조선인 4만 8천 명이 있었다. 이에 비하면 지시마 열도에 살고 있
는 주민들은 훨씬 소수였다. 에토로후 섬에 3,415명, 구나시리 섬
에 7,259명, 시코탄 섬에 1,028명, 하보마이 군도에 5,043명, 총
16,745명이 살고 있었을 뿐이다. 이는 군인을 포함하지 않은 민간

인만의 숫자였다.

소련군이 점령한 후 남 사할린과 남 지시마에 군정이 실시되었다. 주민들에게 그대로 머물라고 명령했지만 홋카이도와 인접한 시코탄 섬 주민의 40퍼센트 가량이 탈출했다고 한다. 하보마이 군도에서는 거의 모두가 건너편의 네무로根室로 도망쳤을 것이다. 이에 비해 에토로후 섬, 구나시리 섬과 남 사할린에서 탈출한 사람은 그다지 많지 않았다.

얄타 협정의 발표와 지시마 병합

문제는 그 다음에 터졌다. 1946년 1월 22일 애치슨Dean G. Acheson 미국 국무장관 대리는 기자회견에서, 얄타 협정에서 소련의 지시마 점령의 권리를 인정했지만, 이 협정에서는 소련에 지시마 열도를 최종적으로 인도한다는 결정을 내리지 않은 것 같다고 말했다. 27일, 타스 통신은 이에 대한 항의 성명에서, 얄타 협정에 따르면 "일본에 승리한 후 쿠릴 열도는 소련에 인도하고, 남 사할린은 소련에 반환한다고 규정되어 있다"고 발표했다. 결국 29일, 번스James Byrnes 미국 국무장관은 비밀협정이었던 얄타 협정을 상세하게 털어놓아야 했다.

번스는 일본이 항복할 때까지 자신은 이 협정에 대해 몰랐다고 했지만, 1945년 7월 3일 국무장관에 취임한 그가 이 협정을 몰랐다는 것은 믿을 수 없다. 또한 그는 "영토의 양도는 양국 간 조약이든, 항복한 나라에 조약을 강요하는 경우이든, 어쨌든 조약에서 합법화되어야 한다"는 입장을 밝혔다. 이는 올바른 생각이다. 그는 얄타 협정을 공표할 시기가 왔다고 판단해 이날 주영대사에게 얄타 협정의 발표에 대해 영국 정부와 협의하라는 서한을 보내고, 똑같은 취지를 소련 정부에도 전달했다.

그 사이 맥아더 사령부에서는 1946년 1월 29일 연합국군 최고사령관 총사령부 훈령 〈SCAPIN 제677호〉를 공표하는데, 그 훈령에 '쿠릴(지시마) 열도, 하보마이 군도……, 시코탄 섬'을 일본의 행정지역에서 분리할 것을 분명히 했다(〈그림 3〉). 이를 '포츠담 선언 제8항에 언급한 작은 섬들의 최종적 결정에 관련된 연합국의 지시'로 해석해야 한다고 명확하게 기록되어 있다.

미국·영국·소련 3국의 논의가 정리되어 2월 11일, 협정 조인 1주년 기념일에 얄타 비밀협정을 공표했다. 소련은 이 기회를 잡는 것이 좋다고 생각했던 듯하다. 2월 2일, 소련 최고회의 간부회령에 따라 남 사할린과 쿠릴 열도는 하보마이 군도와 함께 러시아 공화국 하바롭스크Khabarovsk 주에 병합되었다. 평화회의까지 기다리다가는 미국의 생각이 바뀔지도 모른다고 생각했을 것이다.

남 가라후토와는 달리, 지시마 열도는 러시아·소련으로부터 일본이 빼앗은 영토가 아니었다. 그곳을 연합국으로서 점령한 소련이 평화회의를 기다리지 않고 그대로 병합한 것은 너무 과격한

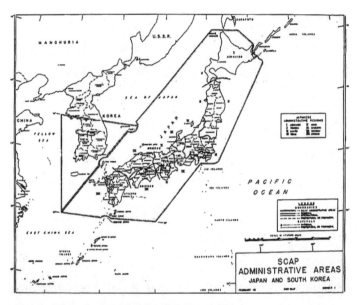

〈그림 3〉 연합국군 최고사령관 총사령부 〈훈령 제677호〉 첨부 지도
(현대송, 『영토 내셔널리즘의 탄생』에서 발췌)

방식이었다. 그러나 소련은 일본을 무릎 꿇린 연합국의 하나였다. 소련은 최후의 순간에 참전했지만, 소련이 참전했기에 일본은 항복 결단을 내릴 수 있었다. 그리고 얄타 협정에서 연합국은 소련에 쿠릴 열도를 주겠노라 결정했다. 일본은 일본 본토 외에 작은 섬들의 귀속에 대해서는 연합국의 결정을 받아들여야 한다는 포츠담 선언을 수락하고 항복했던 것이다. 전쟁의 승자가 패자에게 영토를 탈취한다는 지금까지의 역사 철칙이 여기에서도 통했다. 소련은 포츠담 회담에서, 유럽에서는 독일의 프로이센 공국의 수도였

던 쾨니히스베르크Könisberg와 그 주변을 병합하기로 영국과 미국에 승인받았다. 1946년 7월에 병합된 이 도시는 칼리닌그라드Kaliningrad로 이름을 바꾸었다. 패전국 독일은 이에 항의조차 할 수 없었다. 쿠릴 열도의 경우에는, 이러한 힘에 따른 병합을 과연 평화조약으로 승인할 수 있을지의 여부가 남아 있었다.

1946년 12월 19일, 연합국군의 소련 대표 데레비얀코Kuzma Dereviyanko 중장과 맥아더 사령부는 소련 영내에서 일본인의 본국 송환에 관한 협정을 체결했다. 송환은 1947년 4월에 사할린에서부터 시작되었다. 송환 대상자는 일본인만으로, 조선인 송환은 승인하지 않았다. 지시마에서도 사할린을 경유하여 송환이 이루어졌다. 1947년 7월 에토로후 섬에서 주민 송환이 시작되었고, 9월에는 구나시리 섬에서도 시작되었다. 사람들은 재산을 버리고 귀국했다. 옛 지시마 주민 3,082세대 가운데 1,798세대가 네무로 지청 관내에 자리를 잡았다. 송환은 1949년 7월에 모두 끝났다.

그리하여 일본은 남 사할린·북 지시마와 북방 4도를 잃어버리고 말았다.

소련이 이 전쟁에 참가한 결과, 일본은 항복하고 전쟁을 중지하게 되었다. 그러나 참전한 소련군에도 희생자가 발생했다. 약 25일간의 전투에서 전사·전병사戰病死·행방불명이 된 소련군 병사의 수는 10,231명, 부상자 수는 24,425명이었다(『20세기 전쟁에서 러시아와 소련20世紀の戰爭におけるロシアとソ連』). 전사자 수는 지시마 열도에

살던 일본인 주민의 3분의 2에 해당한다. 일본이 포츠담 선언을 받아들여 항복하는 데에 러시아 민간인 1만 명이 목숨을 잃는 대가를 치렀다. 물론 소련군의 진격으로 목숨을 잃은 수많은 만주 개척민과 시베리아에 억류되어 죽은 일본인 장병 6만 명도 희생자 목록에 포함해야 함은 두말할 나위 없다.

제3장

포기한 지시마에 에토로후 섬·구나시리 섬은
포함되지 않는다는 궤변

최대의 궤변

외교 교섭은 사실에 기초하여 성실한 논의와 정론正論에 따라 추진해야 하며, 궤변으로 농락해서는 안 된다. 이것이 첫 번째 철칙이다. 그렇지 않으면 상대를 설득할 수가 없다. 또한 외교 교섭은 양국 간의 조약과 협정, 다국 간의 조약이나 협정에 따라서 추진해야 한다. 이것이 두 번째 철칙이다. 살아 있어 효력이 있는 외교문서를 무시한다면 효과적인 교섭이 될 리 없다.

전쟁에 패한 일본이 1951년 연합국과의 샌프란시스코 평화조약에 따라 독립국가로 인정받은 사실은 잘 알려져 있다. 이 조약에서 패전 후 일본의 국제적인 위치가 결정되었던 것이다. 영토

문제 역시 규정되었다. 그 내용에 대해 외무성의 팸플릿『우리의 북방영토』는 지난 40년 동안 변함없이 다음과 같이 설명한다.

이 규정에 따라 일본은 지시마 열도와 남 가라후토를 포기했으나, 강화조약에서는 이 지역들을 최종적으로 어디에 귀속할 것인가에 대해 아무것도 정하지 않았다. …… 샌프란시스코 강화회의에서 일본의 요시다 시게루吉田茂 전권대사가 하보마이 군도와 시코탄 섬이 일본 본토의 일부를 구성하는 것임은 물론, 실제로 구나시리와 에토로후 두 섬은 옛날부터 일본 영토였다고 보고하자 회의 참가자들은 관심을 보였다. …… 평화조약 그 자체는 지시마 열도의 지리적 범위를 분명하게 정하지 않았고, 우리나라의 입장도 충분히 밝히지 않았다. 평화조약에서 말하는 '지시마 열도'에 일본 고유영토인 하보마이 군도와 시코탄 및 구나시리 섬과 에토로후 두 섬은 포함되지 않는다는 해석은 우리나라를 구속하는 어떠한 국제 합의와도 모순되지 않는다. …… 미국 정부는 1956년 9월 7일 국무성 각서에서 '에토로후 섬과 구나시리 두 섬은 …… 언제나 고유의 일본 영토 일부를 이루어왔다'는 공식 견해를 밝혀 우리나라의 입장을 지지하고 있다. 그리고 …… 1957년 5월 23일의 편지에도 샌프란시스코 평화조약, 얄타 협정 등의 '지시마 열도'라는 말에 '하보마이 군도, 시코탄 또는 구나시리 섬과 에토로후 섬을 포함하지 않으며, 포함하려는 의도조차 하지 않았음을 반복해서 밝혔다'고 되어 있다.

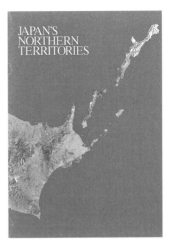

〈그림 4〉 『일본의 북방영토』 표지(일본 외무성, 1992년)

1992년 외무성이 러시아를 대상으로 러시아어와 영어로 제작한 팸플릿 『일본의 북방영토*Japan's Northern Territories*』에 다음과 같이 쓰여 있다(〈그림 4〉).

첫 번째 점은, 조약에 따라 일본이 쿠릴 열도와 사할린 남반부에 대한 모든 권한을 포기한 것과 관련이 있다. 일본이 포기한 쿠릴 열도에 에토로후 섬, 구나시리 섬, 시코탄 섬, 하보마이 군도는 포함되지 않는다. 이 섬들은 언제나 일본의 영토였다. 미국 정부도 공식 문서에서 샌프란시스코 평화조약에서 '쿠릴 열도'라는 말은, …… 하보마이 군도, 시코탄 섬 또는 구나시리 섬, 에토로후 섬을 포함하지 않으며, 포함하려는 의도조차 하지 않았다고 했다.

1987년 11월 8일 『아사히신문』에 의견을 발표한 외무성 국내홍보과 우에노 가게후미 과장은 다음과 같이 이야기했다.

샌프란시스코 평화조약 자체에는 '지시마 열도'가 지리적으로 어디까지를 의미하는지에 대해 정의한 규정이 없다. 그러므로 이 용어의 법률적 내용은 이에 관련한 법적 문서들을 참조하여 생각할 필요가 있지만, 이때 특별하게 큰 의미를 지니는 것은 국제적으로, 특히 러시아와 일본이 지시마 열도의 범위를 어떻게 다루었는가이다. …… 러일통호조약과 1875년의 가라후토·지시마 교환조약 모두에 '지시마 열도'는 우루프 섬 북쪽의 섬들을 가리키는 것을 뜻했다.

이처럼 외무성에서 반복하여 설명하지만, 샌프란시스코 평화조약에서 포기한 쿠릴 열도, 즉 지시마 열도에 에토로후 섬과 구나시리 섬은 포함되지 않다는 이 주장은, 연구자의 입장에서 볼 때 완전한 궤변이다. 이러한 궤변에 기초했기에 소련과의 외교에서 영토문제의 해결을 이끌어낼 수 없었던 것이다. 지금부터 이 주장이 왜 궤변인지를 설명하기로 한다.

샌프란시스코 평화조약

먼저 샌프란시스코 평화조약의 제2조를 살펴보자. (a)항에서는 조선 독립의 승인, 조선에 대한 모든 권리와 권원權原 및 청구권의 포기를 결정했으며, (b)항에서는 타이완 및 타이완 해협 동남쪽의 펑후 제도澎湖諸島에 대한 모든 권리와 권원 및 청구권의 포기를 결정했다. 다음 (c)항이 문제의 조항이다.

> (c) 일본국은 지시마 열도the Kurile Islands를 비롯해 일본국이 1905년 9월 5일 포츠머스Portsmouth 조약의 결과로 주권을 획득한 가라후토의 일부 및 여기에 인접한 섬들에 대한 모든 권리와 권원 및 청구권을 포기한다.

전쟁에 패한 일본은 지시마 열도와 남 가라후토를 포기했던 것이다. 분명히 여기에서는 지시마 열도에 대해 정의하지 않았다. 정의하지 않았다는 것은 정의할 필요가 없었다는 것으로, 그 시점에서 일반적으로 확정된 지리학적인 상식에 따랐다는 뜻이다.

강화회의 자리에서 지시마 열도의 정의에 대해 미국 대표 덜레스John Foster Dulles와 일본의 전권대사 요시다 시게루가 발언했다. 덜레스는 9월 4일, "지시마 열도라는 지리적 명칭에 하보마이 군도가 포함되는지에 관한 질문이 있었다. 하보마이를 포함하지 않는다는 것이 합중국의 견해이다"라고 했다. 이 덜레스의 발언은 지리학적인 상식을 확인하는 수준이었다. 한편, 일본 대표 요시다는 같은 날에 다음과 같이 발언했다.

지시마 열도 및 남 가라후토 지역은 일본이 침략하여 탈취한 것이라는 소련 전권대사의 주장을 받아들일 수 없다. 일본 개국 당시 지시마 남부의 두 섬 에토로후와 구나시리가 일본령이었음에 대해 제정 러시아도 아무런 이의를 달지 않았다. 지시마 열도 및 가라후토 남부는 일본 항복 직후 1945년 9월 20일 일방적으로 소련령에 수용되었다. 또한 일본의 본토인 홋카이도의 일부인 시코탄 섬과 하보마이 군도도 종전 당시 때마침 일본 병영이 존재했기 때문에 소련군에 점령된 것이다. ── 「샌프란시스코 회의 회의록 サン·フランシスコ會議議事錄」

앞서 소련 대표 그로미코Andrei A. Gromyko는 샌프란시스코 평화조약에 조인은 하지 않고 항의 발언만 하고 퇴장한다는 방침을 세우고 이날 회의장에서 발언했다. 그로미코는 사할린 남반부와 '현재 소련의 주권하에 있는 쿠릴 열도'에 대한 소련의 주권이 조약에 규정되어 있지 않음을 항의하면서 수정을 제안했다. 요시다는 그로미코의 의견에 반대한 것이지, 지시마 열도 포기라는 샌프란시스코 평화조약 제2조 (c)항의 규정을 반대한 것은 아니었다. 그는 이미 이 규정을 포함해 샌프란시스코 평화조약 전체를 '흔연히' 받아들인다고 밝혔다.

그리고 이 자리에서 요시다는, 에토로후 섬과 구나시리 섬은 '지시마 남부'의 섬이라고 명확하게 이야기했으므로 이 두 섬이 일본이 포기한 지시마 열도의 일부라는 것도 명확하게 인정했다. 이에 대해 시코탄 섬과 하보마이 군도는 "일본 본토인 홋카이도의 일부이다"라고 말한 것은 이 섬들은 지시마 열도에 포함되지 않는다, 그러므로 일본은 포기하지 않는다는 의사를 밝혔던 것이다.

요시다의 이 발언은, 하보마이 군도는 지시마 열도에 포함되지 않는다는 점에서 덜레스의 발언과 일치한다. 시코탄 섬이 지시마 열도에 포함되지 않는다는 것은 일반 지리학적인 상식에 대한 도전이지만, 요시다가 명확하게 시코탄 섬은 지시마 열도에 포함되지 않는다고 한 발언에 다른 조약 서명자들의 반론이 전혀 없었다. 그러므로 이 점도 샌프란시스코 강화회의에서 확인되었다고 볼 수 있다.

이와 반대로, 에토로후와 구나시리가 지시마 열도에 포함되지 않는다는 것은, 이 회의에서 그 누구도 밝힌 적이 없으며, 따라서 존재하지 않는 주장이다.

강화회의 시점의 지시마 열도관

그렇다면 그 당시 쿠릴 열도, 즉 지시마 열도에 대한 국제적인 정의와 인식은 어떠했는지를 살펴보자.

먼저 영국. 영국의 대표 백과사전인 『브리태니커 백과사전 *Encyclopedia Britannica*』 1929년판 '쿠릴 열도' 항목에 중요한 8개 섬을 남쪽에서부터 열거하면서 '쿠나시르, 시코탄, 이투루프, 우루프……'라고 기록되어 있다. 영국 정부에서는 1951년 5월 2일 영국 외무성 조사부의 밀워드R. S. Milward가 작성한 「하보마이 군도에 대한 주권」(기바타 요이치木畑洋一가 발견)을 중요하게 다룬다. 이 조사서에는 "쿠릴 열도에 관해 우리는 러시아인들에게 인도함으로써 우리의 약속을 지켜야 한다고 생각한다. '쿠릴 열도'라는 용어에 관한 우리의 해석은 이투루프와 쿠나시르를 포함해야 한다는 생각이다"라고 쓰여 있다. 나아가 "시코탄 섬에 관해서는, 쿠릴 열도라는 용어에 포함되어 있다고 생각할지, 제외되어 있다고 생각할지, 어느 쪽이 더 올바른지에 대해 도쿄에서 전문가의 의견을 구하는 것이 바람직하다고 생각한다"(FO371/92546)고 기록되어 있다. 다시 말해, 상식적으로 시코탄 섬은 쿠릴 열도의 일부이지만 영국 정부는 이 섬이 쿠릴 열도의 바깥이라는 관점도 검토하고 있으니, 아직 분명히 말할 수 없다는 입장이다.

다음은 미국. 미국에서는 대일對日 강화조약을 준비하는 과정에서, 지시마 열도의 정의에 대해 미 국무성 내에서 활발한 논의가 벌어졌다. 1947년 3월, 국무성 극동국 북동아시아 과장 휴 버튼 Hugh Burton이 처음 평화조약 초안을 준비했는데, 그 초안에는 '캄차카와 홋카이도 사이에 놓여 있는 쿠릴 열도'라고 정의하지만, 같은 해 8월 5일의 새로운 초안에는 '우루프에서 슘슈 섬까지의 섬들로 이루어졌으며, 1875년 조약에 따라 러시아가 일본에 할양한 쿠릴 열도'라고 정의를 바꾸었다. 이투루프 섬과 쿠나시르 섬은 쿠릴 열도에 포함되지 않는다는 견해이다.

1948년 3월 23일에 이르러 국무성 정보조사국의 지리담당 특별고문 보그스Samuel W. Boggs가 국무장관 특별보좌관 맥스웰 해밀턴Maxwell M. Hamilton에게 「하보마이 군도와 시코탄 섬」이라는 제목의 조사서를 보내는데, 그 조사서에서 "입수한 정보에 따르면 이 섬들은 지리적으로 쿠릴 열도에서 분리되어 있으며, 그 일부가 아니라고 분류하는 것이 맞다는 것이 나의 의견이다"라고 했다. 이투루프와 쿠나시르 섬은 쿠릴 열도에 속한다는 뜻이다.

1949년에 미국은 영국과 대화를 주고받으며 공동으로 평화조약을 준비했지만, 그 단계에서 1949년 11월 2일자로 새로운 평화조약 안을 작성했다. 그 초안의 주석 가운데 다음과 같은 글이 서술되어 있다.

이 섬들(이투루프와 쿠나시르 섬)이 '쿠릴 열도'의 일부가 아니라는 것을 보여주는 일본 측의 기록이 제출된다 해도, 미국이 얄타에서 소련에 약속한 '쿠릴 열도'에는 이 섬들이 포함되지 않는다고 주장한다면, 지금까지의 태도나 행동으로 짐작하건대 소련으로부터 신의信義를 저

버리는 짓이라고 공격받을 것이며, 이를 반박하기는 어려울 것이다.

이에 대해 도쿄의 시볼드William Sebald 외교고문은 다른 의견을 제시했다. 11월 19일 의견서에서 시볼드는 "소련이 이투루프와 쿠나시르, 시코탄 섬, 또는 하보마이 군도의 병합을 요구하지 않았으면 하는 것이 미국의 바람이다. 이 섬들이 쿠릴 열도의 일부라는 주장은 역사적인 관점에서 허술하다"고 밝혔다. 시볼드의 이 의견은 완벽한 정치론이었다.

이처럼 의견이 분분하자 전 국무장관 특별보좌관이자 국무성 극동국장 해밀턴은 정치문제담당 법률고문 피셔Adrian S. Fisher에게 남 쿠릴 열도에 대한 법률적 검토를 요청했다. 이 요청에 따라 정치문제담당 법률고문 보좌 스노Conrad E. Snow는 11월 25일 「남 쿠릴 열도와 시코탄 군도」라는 제목의 조사서를 제출했다. 그는 "하보마이와 시코탄은 본래 쿠릴 열도의 일부가 아니라는 법적 주장에 분명한 근거가 있다고 믿는다"고 하고, "쿠나시르와 이투루프가 쿠릴 열도의 일부가 아니라는 주장에는 확실한 법적 근거가 없는 듯하다"고 지적했다. 이 조사서는 미 국무성 내부의 오랜 동요를 잠재우고 샌프란시스코 평화조약을 맺으려던 미국 정부에 쿠릴 열도의 정의를 내려주었다. 즉, 이투루프 섬과 쿠나시르 섬은 쿠릴 열도에 포함된다. 이는 미국의 대표 백과사전인 『아메리카나 백과사전 Encyclopedia Americana』(1925년판)의 서술과 거의 일치한다. 이 사

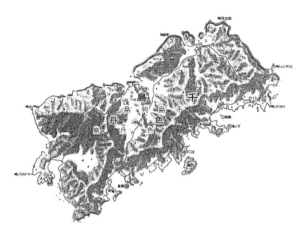

〈그림 5〉 시코탄 섬「20만분의 1 제국도帝國圖」(1930년)

전의 '쿠릴 열도' 항목에는 "북태평양의 31개 섬의 고리. 이 고리는 남서에서 북동으로, 에조(Ezo, 홋카이도) 섬에서 캄차카로 이어져 있다"고 쓰여 있다.

　1945년까지 일본에서는 에토로후 섬, 구나시리 섬, 시코탄 섬이 남 지시마를 구성하며 지시마 열도의 일부라고 여겼다. 1930년 육지측량부의 20만분의 1 지도를 보면 에토로후 섬, 구나시리 섬, 시코탄 섬 모두 지시마 열도의 일부로 되어 있다. 에토로후 섬의 샤나紗那군의 지도에는 섬 위에 '홋카이도', '에토로후 섬', '지시마'라고 쓰여 있다. 구나시리 섬의 아토이야安渡移矢 곶의 지도에는 '지시마', '지시마 열도', '구나시리 섬'이라고 쓰여 있다. 그리고 시코탄 섬의 지도(〈그림 5〉)에는 섬 위에 '지시마', '지시마 열도', '시코탄 섬'이라고 쓰여 있다. 한 점의 의심도 허락하지 않을 만큼 정확한 해석이다.

또한 일본 외무성은 패전 후 강화 준비를 위해 6권의 조사서를 영문으로 작성하여 미국 정부에 제출했다. 그 가운데 1946년 11월에 제출한 『일본 본토에 인접한 제 소도*Minor Islands Adjacent to Japan Proper*』「제1부. 쿠릴 열도, 하보마이 군도 및 시코탄 섬Part I. The Kurile Islands, the Habomais and Shikotan」에 "쿠릴 열도(지시마)는 우루프 이북의 '북 쿠릴 열도'와 이투루프 섬과 쿠나시르 섬으로 이루어진 '남 쿠릴 열도'로 나뉜다"고 쓰여 있다. 그리고 '하보마이 군도와 시코탄 섬'에 대해서는, 이 섬들은 "지형적으로나 지질학적으로나 홋카이도의 네무로 곶의 연장이라고 여겨야 한다"고 하면서 쿠릴 열도와 구별해야 한다고 주장했다. 다만 여러 문헌에서 하보마이 군도를 쿠릴 열도에서 제외한다는 내용이 일치하기는 해도, 『브리태니커 백과사전』에서처럼 시코탄 섬을 쿠릴 열도에 포함하는 경우도 있음을 인정했다. 매우 적절하고 정확한 설명이다. 그래서 이 조사서는 오늘날까지 일본과 미국에서 비공개인 채로 남아 있었다. 이 조사서를 읽게 된 것은 하라 기미에原貴美惠가 발견한 덕분이다(〈그림 6, 7〉).

러시아·소련에서는 쿠릴 열도에 이투루프, 쿠나시르, 시코탄 섬까지를 포함시키자는 견해가 확고했다. 1896년 발행된 브로크하우스&에프론 사의 『백과사전*Entsiklopedicheskii slovar*』에는, 쿠릴 열도는 모두 36개 섬으로 이투루프 섬, 쿠나시르 섬, 시코탄(스코탄) 섬을 포함한다고 쓰여 있고, 1937년 『소비에트 대백과사전*Bol'*

〈그림 6〉『일본 본토에 인접한 제 소도』「제1부. 쿠릴 열도, 하보마이 군도 및 시코탄 섬」 표지

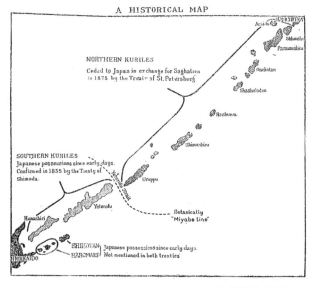

〈그림 7〉 위 자료의 지도.
"북 쿠릴: 페테르부르크 조약에 따라 1875년 사할린과 교환으로 일본에 양도되었다". "남 쿠릴: 옛날부터 일본 영토. 시모다 조약에 따라 1855년에 인정되었다". "시코탄 섬, 하보마이 군도: 옛 날부터 일본 영토. 이 두 조약에는 언급되어 있지 않다"고 기록되어 있다. 하라 기미에 제공.

shaia Sovetskaia entsiklopediia』에도 같은 내용으로 서술되어 있다. 시코탄 섬과 하보마이 군도를 소련에 편입한 뒤로 이 섬들을 소小 쿠릴 열도, 나머지 섬들을 대大 쿠릴 열도라고 표현했다. 소련의 행정 구역으로는 쿠나시르 섬과 시코탄 섬 모두 남 쿠릴 지구에 속한다.

이상에서 살펴보았듯이, 쿠릴 열도 정의에서의 문제는 시코탄 섬이 포함되는지, 그렇지 않은지 뿐이며, 에토로후 섬과 구나시리 섬은 쿠릴 열도에 포함된다는 점에는 대체로 일치했음이 분명하다. 이러한 쿠릴 열도의 정의는 샌프란시스코 평화조약의 전제이기도 했다.

평화조약의 비준국회에서

따라서 평화조약의 비준국회에서도 일본 정부의 답변은 명확했다. 1951년 10월 19일 중의원 평화조약 및 미일안전보장조약 특별위원회에서 홋카이도 지역구에서 선출된 농민협동당 다카쿠라 사다스케高倉定助 의원은, 평화조약에서 규정한 '쿠릴 아일랜즈, 이른바 쿠릴 군도'는 어디를 가리키는지 물었다. 요시다 수상이 니시무라 구마오西村熊雄 조약국장에게 구체적인 답변을 위임하자 니시무라 조약국장은 다음과 같이 답변했다.

조약에 있는 지시마 열도 범위에 북 지시마와 남 지시마 모두 포함된다고 생각합니다. 그러나 남 지시마와 북 지시마는 역사적으로 볼 때 그 입장이 전혀 다르다는 점은 이미 전권대사가 샌프란시스코 강화 회의 연설에서 밝힌 대로입니다. ······ 하보마이와 시코탄 섬은 지시 마에 포함되지 않는다고 미국 외무당국도 분명히 밝혔습니다.

다카쿠라 의원은 물러서지 않고 쿠릴 군도와 지시마 열도는 다르 다, 쿠릴 군도는 가라후토·지시마 교환조약에 따라 우루프 이북 의 18개 섬을 가리킨다고 주장했으나 니시무라 조약국장은 거듭 다음과 같이 답변했다.

평화조약은 1951년 9월에 조인되었습니다. 따라서 이 조약에서 말 하는 지시마가 어느 지역을 가리키는지에 대한 판정은 현재 입장에 서 이루어져야 한다고 생각합니다. 그러므로 앞에서 말씀드렸듯이, 이 조약에 지시마라는 부분은 북 지시마 및 남 지시마를 포함하는 의 미로 해석하고 있습니다. 다만, 두 지역에 대해 역사적으로 전혀 다 른 사태에 처해 있다는 정부의 생각은 앞으로도 바뀌지 않을 것입니 다 ······.

이 유명한 니시무라 조약국장의 답변은, 샌프란시스코 평화조약 에서 포기한 쿠릴 열도, 즉 지시마 열도에는 남 지시마인 에토로후 섬과 구나시리 섬이 포함된다는 것을 명확히 했다. 이는 요시다 수상과 이케다 하야토池田勇人 대장상大藏相이 참석한 상태에서 요시다를 대신한 답변이었으며, "한 관료가 …… 혼동하여 말했다"(가미야 후지神谷不二의 발언)가 아니다. 그 내용이 너무나 당연했기에 이튿날 신문에도 보도되지 않았다.

정부의 답변을 도저히 받아들일 수 없던 홋카이도 지역구의 다카쿠라 의원은 질문을 계속했다. 10월 20일, 민자당의 오가와라 마사노부小川原政信 의원은, "쿠릴 아일랜즈는 우루프 섬에서 슘슈 섬에 이르는 18개의 섬인데도, 지시마 섬 전부를 포기한 모양새가 되었다" 하며 개탄했다. 이에 대해 구사바 류엔草葉隆圓 외무차관은 "쿠릴 아일랜즈라고 말한 부분을 자세히 나누면 북 지시마·중 지시마·남 지시마가 있으며, 북 지시마와 중 지시마가 쿠릴 아일랜즈요, 남 지시마는 전혀 별개라는 해석은 성립되지 않는다"고 답변했다.

니시무라 조약국장이나 구사바 차관은 샌프란시스코 강화회의 전권위원단 일원이었다. 그들은 영토 조항의 수용은 어쩔 수 없는 일이었다고 강조했다. 10월 24일, 니시무라 조약국장은 포츠담 선언을 "일본 정부가 아무런 조건을 붙이지 않고 이를 수용한 이상, 한 국민의 감정으로서 아무리 고통스럽더라도 최종 결정이 내려졌으니 눈물을 머금고 받아들일 수밖에 없습니다"라고 했다. 구사바 차관도 "그 결과에 남자답게, 이번 평화조약 제2조의 영토에 따른 사항을 수락하고 …… 일본의 심정은 수상이 충분히 전달하기로 하고 이 조약에 서명했던 것입니다"라고 했다.

2도 반환의 국회 의결

평화조약이 비준되자, 국회는 남은 영토문제의 해결을 정부에 요구하는 결의안을 제출하기 위해 움직였다. 1952년 7월 31일, 중의원 본회의에서는 "평화조약의 발효와 함께 앞으로 영토문제의 공정한 해결을 도모하기 위해 정부는 …… 특히 다음의 요구사항 실현에 최선의 노력을 기울여주기 바란다"고 하고, 오키나와, 아마미오시마와 오가사와라 열도에 대한 미군 행정에 일본 정부가 참가해야 함과 동시에, "하보마이와 시코탄은 당연히 우리나라의 주권에 속하므로 신속하게 인도받을 것"을 바라는 결의안을 채택했다. 이 결의안은 자유·개진·사회 3당과 사회당의 제23공실파(좌파)가 공동 제안했다. 제안자를 대표하여 기타자와 나오키치北澤直吉 의원이 취지 설명에 나섰다.

　기타자와 나오키치는, 하보마이와 시코탄은 '원래 역사적·민족적으로 보아 일본의 주권에 속하는 것은 한 점의 의심도 없다', 이 점은 샌프란시스코 강화회의에서 덜레스도 명료하게 밝혔다, 이 섬들을 소련이 '불법 점령'하고 있는 것은 유감이라고 하면서, 다음과 같은 요구사항을 반복했다.

모든 가능한 방법으로 하보마이와 시코탄이 신속하게 일본에 인도되도록 선처를 바란다.

이에 반대한 것은 일본공산당뿐이었다. 공산당의 이노구치 마사오井之口政雄는 이 섬들은 이미 '소련 동맹에 편입되어 있고', 이는 '국제간에도 공공연하게 승인되어' 있다, 인도를 요구한다면 '전쟁을 도발하는' 것이라고 발언했다. 다수의 찬성으로 결의안이 채택되자 오카자키 가쓰오岡崎勝男 외상이 특별 발언을 요구하여, "하보마이와 시코탄 섬 등은 당연히 우리나라의 주권에 속한다고 생각합니다"라고 했다.

이 결의안도 샌프란시스코 평화조약에서의 에토로후와 구나시리 섬을 포함한 지시마 열도의 포기라는 처리와 꼭 들어맞았다.

1955년의 영문 팸플릿

이와 같은 일본 정부의 지시마 열도, 즉 쿠릴 열도와 하보마이와 시코탄에 대한 관점은, 1955년의 일본과 소련의 교섭이 시작될 즈음에도 확인된다.

그해에 외무성에서는 『북방제도―일본과 소련 교섭에서 영토문제의 배경The Northern Islands: Background of Territorial Problems in the Japanese-Soviet Negotiaitons』이라는 영문 팸플릿을 작성했다. 이 팸플

릿은 지금까지 그 존재가 알려지지 않았다. 몇 년 전에 워싱턴 대학교의 헬먼Donald C. Hellmann 교수가 당시 외무성에서 제공받아 소장해 왔다는 사실이 밝혀져 나는 헬먼 교수에게 부탁하여 복사본을 제공받았다(〈그림 8, 9〉).

1946년의 영문 조사서와 마찬가지로 이 팸플릿에도 '쿠릴 열도the Kurile Islands'와 '하보마이와 시코탄 섬the Habomais and Shikotan Islands'을 확실하게 구분해 놓았다. 그리고 쿠릴 열도에 대해 다음과 같이 말했다.

쿠릴 열도는 일본의 4대 주요 섬 가운데 하나인 홋카이도에서 소련의 캄차카 반도까지 750마일(1200킬로미터)에 이르는, 목걸이처럼 연결된 30여 개 작은 섬들의 고리이다. …… 이 군도the island group 가운데 남부의 구나시리와 에토로후 섬은 일본 이외의 어느 나라에도 속한 적이 없다.

그리고 이 팸플릿에는 "샌프란시스코 평화조약 제2조에서 일본의 남 사할린과 쿠릴 열도의 포기를 규정했지만, 이 영토들의 최종적인 처분을 결정한 것은 아니다"라 하고, 나아가 "하보마이와 시코탄 섬은 일본이 샌프란시스코 평화조약에 따라 포기한 쿠릴 열도에 포함되지 않는다"고 밝혔다.

에토로후와 구나시리 섬이 샌프란시스코 평화조약에서 포기

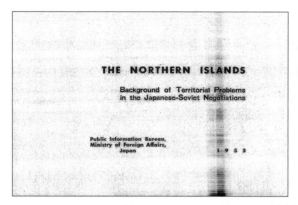

〈그림 8〉 1955년 일본 외무성 팸플릿 『북방제도－일본과 소련 교섭에서 영토문제의 배경』 표지

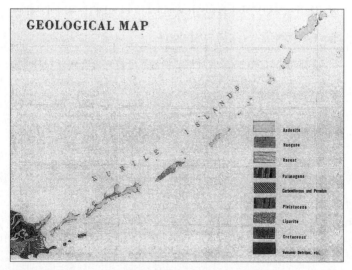

〈그림 9〉 지질학 지도. '쿠릴 열도' 글자가 이투루프 섬 위에서 시작되고 있다.

한 쿠릴 열도의 일부이며, 하보마이와 시코탄 섬은 거기에 포함되지 않는다는 것이 일본과 소련이 국교 교섭을 시작했을 때 일본 정부의 인식이었음이 여기에서도 분명하게 나타난다.

1956년의 수정

이러한 인식은 일소국교 교섭 와중에 일본 정부가 4도 반환을 주장하면서 수정되었다. 일본 정부는 쿠릴 열도에 에토로후 섬과 구나시리 섬은 속하지 않는다고 궤변을 늘어 놓았지만, 처음에는 매우 조심스러운 태도를 보였다.

1955년 12월 8일 중의원 외무위원회에서 시모다 다케조下田武三 조약국장은 다음과 같이 답변했다.

아시다시피 얄타 협정에서, 쿠릴을 소련에 인도해야 한다고 되어 있지만, 쿠릴이라고만 했을 뿐 북 지시마·남 지시마·중 지시마로 구분하지 않은 것은 물론, 본래 일본의 영토인 하보마이와 시코탄에 대해서는 아무런 언급을 하지 않았습니다.

다음날 12월 9일, 같은 위원회에서 나가카와 도루中川融 아시아국장이 답변했다.

쿠릴 아일랜즈라고 할 경우에 어떤 섬들을 포함하는가에서 …… 섬
의 이름을 열거하지 않은 경우에는 현재 상태에서 이 문제를 생각해
야 합니다만, 일본의 관점에서 생각해 볼 때 메이지 초기에 러일문제
로 협정을 체결했을 때에는 이 섬들의 이름이 열거되었습니다만, 그
때 …… 괄호를 붙여 쓴 섬에 남 지시마는 포함되지 않았습니다. 따
라서 우리는 러시아와의 법률관계와 조약관계에서 쿠릴 아일랜즈라
고 할 때 남 지시마는 포함되지 않는다고 해석하는 것입니다.

12월 16일에는 시게미쓰 외상이 답변했다.

남 지시마, 즉 …… 홋카이도 직속의 이 섬들이 샌프란시스코 평화
조약에 따른 지시마인지 어떤지는 조인국의 의향, 특히 미국의 의향
을 확인할 필요가 있습니다. 미국은 쿠릴을 지리적으로 정의할 때 정
확하게 선을 그어 가면서 행한 것은 아닙니다. 따라서 소련과의 관계
에서는, 소련과의 대화에 따라 이 점이 정해지더라도 자신들은 이의
가 없다는 것이 대체적인 생각임을 분명히 하고 있습니다. 저 나름으
로 표현한다면, 홋카이도 태생 의원인 당신은 이 두 개의 섬 '에토로
후와 구나시리'는 홋카이도 직속 섬이 아니므로 주장하지 않는 편이
낫겠다는 말을 듣는 셈입니다만, 우리의 관념으로는 역시 홋카이도
직속의 섬이다, 이렇게 보고 있습니다.

시게미쓰가 답한 홋카이도 태생의 의원이란 사회당의 오카다 하루오岡田春夫이다. 호즈미 시치로穗積七郎 등의 의원들이 에토로후·구나시리 섬 등 남 지시마가 샌프란시스코 평화조약에서 포기한 지시마 열도에 포함되지 않는지 철저히 추궁했지만, 여전히 애매한 답변만을 마구 되풀이했다. 그리하여 1956년 2월 11일에 이르러, 모리시타 구니오森下國雄 외무차관이 정부의 통일된 견해를 발표하게 되었다. 서둘러 정리한 탓에 여전히 견해가 지리멸렬했다.

이 남 지시마, 즉 구나시리와 에토로후 두 섬은 언제나 일본의 영토였으므로, 이 점에 대해 과거에 조금도 의심을 품은 적이 없으니 반환은 당연합니다. 1875년 메이지 8년의 가라후토·지시마 교환조약에서도 두 섬은 교환 대상인 지시마로 다루지 않았습니다. 샌프란시스코 평화조약에 소련이 참가한 것은 아니지만, 평화조약에서 일컫는 지시마 열도에 포함되지 않는다는 것이 정부의 견해입니다. 같은 회의에서 요시다 전권대사는 에토로후와 구나시리 두 섬에 대해 특별히 언급하고, 지시마 열도 및 남 가라후토의 지역은 일본의 침략으로 약취한 지역이라는 소련 전권대사의 주장에 반론을 가한 후, 일본 개국 당시 지시마 남부의 두 섬, 즉 에토로후와 구나시리 섬이 일본령이라는 점에 대해서는 제정러시아도 아무런 이의를 제기하지 않았다고 특별히 지적했습니다.

즉, 에토로후섬과 구나시리 섬은 남 지시마였으나 지시마 열도에는 포함되지 않는다고, 완전히 논리가 분열되어 있다. 이 말은 궤변도 되지 않는다. 이날 외무위원회에서 시모다 조약국장도 답변석에 섰지만, 샌프란시스코 평화조약의 조인국 간에 일치점이 없었으므로 "고유의 일본 영토인 구나시리와 에토로후를 쿠릴에 포함하지 않는 것은 일본의 자유라고 할 수 있습니다"라고 터무니없는 말을 하는가 하면, "일본어의 지시마와 쿠릴이라는 말이 조금이라도 일치한다고는 느끼지 않습니다. 일치한다는 견해는 전혀 없습니다" 등등, 조약국장으로서는 적절치 않은 무책임한 발언을 쏟아내는 상황이 벌어졌다.

궤변의 완성

이러한 혼란에서 빠져나와 궤변을 정리하고 완성한 인물은 (기시 노부스케岸信介에 이어서 수상에 오른) 1961년 이케다 하야토 수상이다. 이케다 수상은 1961년 10월 3일 중의원 예산위원회에서, 먼저 자민당의 노다 우이치野田卯— 의원의 질문에 대해 다음과 같이 답변했다.

막부시대의 러일조약에도, 또한 메이지 8년의 남 가라후토·지시마의 교환조약에서도 지시마란 우루프 섬 이북의 18개의 섬을 가리킨다는 것이 국제적으로 인정되었습니다. 쿠릴 아일랜즈란 우루프 섬 이북의 18개 섬입니다. 그러므로 거기에 포함되지 않은 에토로후, 구나시리, 하보마이, 시코탄 이 섬들은 당연히 일본의 고유영토입니다.

사회당의 고노 미쓰河野密 의원이 또다시 질문하자, 이케다 수상은 "지시마 열도에 에토로후와 구나시리를 포함하는 사례가 지금까지의 역사, 그 어디에 있었습니까? 지시마 열도에 에토로후와 구나시리를 포함한다는 적극적인 사례는 아마 없을 것입니다. 지시마 열도, 쿠릴 아일랜즈는 우루프 섬 이북이라는 사실이 엄연히 존재합니다"라고 역습했다. 아닌 게 아니라 고사카 젠타로小坂善太郎 외상이 지시마의 북쪽이라든가 남쪽이라든가 하는 것이 "일본 행정 구획상으로 있었다"고 인정했지만, 이어서 이 사람도 "쿠릴 아일랜즈, 지시마에 대해서는 남쪽이라든가 북쪽이라든가 하는 것은 국제적으로 없다"고 영문을 알 수 없는 이야기를 했다.

결국 고노 의원이 평화조약 비준회의에서 니시무라 조약국장의 답변을 들춰내어 추궁하자, 이케다 수상은 "그 문제에 대해, 저는 조약국장이 말이 틀렸다고 생각합니다"고 잘라 말했다. 이케다 하야토는 요시다 시게루의 제자로, 샌프란시스코 강화회의에 요시다 전권대사의 수행원으로 참가했다. 니시무라 조약국장도 수행원으로 동행했다. 이케다 수상이 이때 니시무라 조약국장의 답변을 부정한 것은, 강화회의 석상에서 요시다 전권대사의 발언이 틀린 말이라고 인정하는 셈이 되었다. 그러나 이케다 수상은 요시다의 발언에 대해서는 "하보마이와 시코탄은 일본 고유영토이며, 일본의 영토인 에토로후와 지시마는 지금까지 일본의 손에서 한 번도 벗어난 적이 없다고 …… 들어왔습니다"라고 하면서 술수를 피웠다.

그리고 사회당의 요코미치 셋쓰지橫路節次 의원이 보충 질문에 나서서 거듭 니시무라 조약국장의 답변을 자세히 소개하면서 추궁하자, 이케다 수상은 마침내 다음과 같이 선언했다.

제가 추측건대 …… 남 지시마라든가 북 지시마라는 것은 없습니다. …… 지시마라는 것은, 쿠릴 아일랜즈라는 것은 지금의 18개의 섬을 가리킵니다. 그러므로 남 지시마가 어디에서 나왔는지 모르겠지만, 제 생각으로는 지시마 속에 중 지시마·북 지시마·남 지시마가 있을 리 없습니다. 조약상으로나 역사상으로나.

나는 이 선언을 '이케다 수상의 지리상의 대발견'이라고 부른다. 에토로후 섬과 구나시리 섬이 지시마 열도에 포함되지 않는다고 주장하려면 이 섬들이 남 지시마라고 불린 적이 한번도 없다고 해야 한다. 4도의 옛 도민이라면 에토로후와 구나시리 섬이 남 지시마라는 것은 상식이다. 하지만 이제는 그렇게 이야기해서는 안 된다. 남 지시마는 지금까지 존재하지 않았다고 해야 한다.

이 '이케다 수상의 지리상의 대발견'은 국가가 내세운 진리이
므로, 교과서에 수록하여 아이들에게 가르쳐야 한다. 1964년 6월
17일, 외무차관이 자치성 차관에게 구나시리 섬과 에토로후 섬을
남 지시마라고 부르지 않도록 관계기관을 지도해 주기 바란다는
통첩을 보냈다.

구나시리와 에토로후 두 섬을 남 지시마라고 부르는 것은 이 섬들이
마치 샌프란시스코 평화조약에 따라 우리가 포기한 'Kuril Islands'의
일부인 것 같은 인상을 주어 불필요한 오해를 불러일으킬 염려가 있
고, 북방영토 문제에 대한 우리 쪽의 입장에서 바람직하지 않다.

— 『북방영토 문제 자료집北方領土問題資料集』

똑같은 통첩이 문부성에도 보내졌을 것이다. 이후, 중학교 사회나
고교 지리 교과서의 지도상에서 에토로후와 구나시리 섬을 지시
마 열도에 포함하지 않도록 하는 지침이 마련되었다. 역시 지리학
자들이 저항했다. 고등학교교 지리 교과서에 딸린 『고등지도책高等
地圖帳』에는 '지시마 열도' 지도가 실려 있지만, 1970년에는 이케다
수상의 신발견이 아직 도입되지 않은 시기였다(〈그림 10〉).
  1973년에 이르러, 제국서원에서 발행한 지도책에는 당시 에
토로후 섬에까지 미치던 '지시마 열도(쿠릴 열도)'라는 글자가 우루
프 섬에서 북쪽으로 움직였다. 그렇게 하지 않으면 교과서의 검정

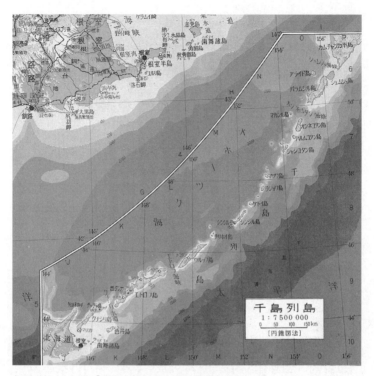

〈그림 10〉 지시마 열도 『고등지도책』(니노미야 서점二宮書店, 1963년)

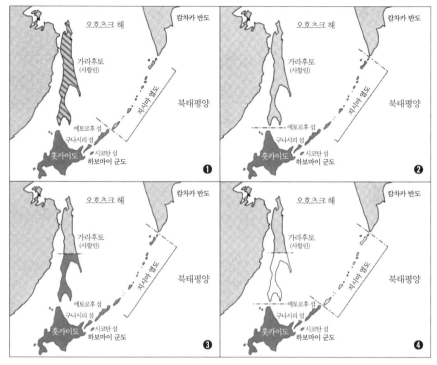

〈그림 11〉일본 외무성 『우리의 북방영토』 뒤표지 안쪽의 지도.
"과거 양국 간에 체결된 중요한 조약에 비추어, 북방영토는 샌프란시스코 평화조약에서 일본
이 포기한 지시마 열도에 포함되지 않는 것이 확실하다"고 쓰여 있다.

❶ 1855년 러일통호조약에 따른 국경선
❷ 1875년 가라후토·지시마 교섭조약에 따른 국경선
❸ 1905년 포츠머스 조약에 따른 국경선
❹ 1951년 샌프란시스코 평화조약에 따른 국경선

을 통과할 수 없었다. 그후로 지금까지 일본 교과서는 그대로 되어 있다.

수상이 이처럼 거짓말과 궤변을 내세우고, 거짓말과 궤변이 국가의 진실과 정의가 되는 너무나 이상한 사건이었다.

에토로후 섬과 구나시리 섬은 남 지시마가 아니며, 지시마 열도에 포함되지 않는다는 외무성이 만들어낸 궤변(〈그림 11〉)은, 이케다 수상의 '지리상의 대발견'으로 마침내 국가의 진리가 되었다. 지금은 전 국민이 그 거짓말을 받아들이고 있다. 그러나 이 궤변으로는 러시아인들을 설득할 수 없다.

제4장

두 조약 중 문제가 있는 번역문을 이용하다

잊히지 않는 것

"에토로후와 구나시리 섬은 지시마 열도에 포함되지 않는다"는 '이케다 수상의 지리상의 대발견'에서 근거다운 근거로 드는 것이 하나 있다. 즉, 1875년의 조약 문건text이다. 외무성은 나중에 이 조약과 함께 1855년의 조약 문건을 논거로 내세운다.

이를 살펴보기에 앞서, 나에게는 잊을 수 없는 기억이 있다. 내가 북방영토 문제에 관해 처음으로 논문을 발표한 것은 『세계世界』 1986년 12월호였다. 당시 나카소네中曾根 내각에서 수상이 소련에 새로운 제안을 하는 것은 아닌지, 걱정하는 움직임이 있었던 듯하다. 그래서인지 나의 논문을 게재한 잡지가 서점에 나오기 전에 교도共同 통신이 그 사실을 발신하자 『세계일보世界日報』가 1면 톱기사로 내걸었고, 국회에서는 2도 반환을 주장하는 국립대학 교수가 논문을 발표한다는데, 수상은 어떻게 생각하는가 하는 질문이 쏟아지는 소동이 일어났다. 나의 논문과 때를 같이하여 나카지마 미네오中嶋嶺雄의 2도 반환론 논문이 『현대現代』에 게재되자, 두 논문 모두 두들겨 맞게 되었다.

『제군諸君!』 1987년 2월호에 이토 겐이치伊藤憲一가 「북방영토 '2도 반환론'을 의심한다」는 논문을 발표했다. 이토는 외무성에서 일하던 사람으로, 이때는 아오야마가쿠인青山學院 대학 교수였다. 그는 내가 논문에서 이야기한 "일본 정부가, 강화회의에서 포기한 지시마 열도에 에토로후와 구나시리의 두 섬은 포함되지 않는다고 주장하기 시작한 것은 역사적으로 무리한 주장이라고 하지 않을 수 없다"는 부분에 격렬히 반발하여, '모든 것이 소련 측을 유리하게 하는, 일방적이고 자의적인 단정'이라고 비난했다. 그리고 내가 백과사전을 전거典據로 내세운 것은 매우 허술하기 짝이 없는 태도라며 다음과 같이 말했다.

와다 씨는 국제법을 잘 모르는 것 같으며, 러일 양국의 국내 문서를 자랑스럽게 인용하고 있지만, 영토문제에서 국내 문서는 실제로 인용 가치가 없다. 인용 근거가 될 수 있는 것은 어디까지나 국제간의 문서, 그것도 직접 당사국 간의 합의 문서뿐이다. 그러한 의미에서,

러일 간 1875년의 가라후토·지시마 교환조약은 결정적인 중요성을 띠고 있다. 그리고 이 조약에서 지시마 열도를 어떻게 정의하는가 하면, 이 조약의 제2조는 …… '쿠릴 열도'의 범위를 18개 섬에 한정한다는 취지를 러일 간 정식 합의로 명확하게 정의하고 있다.

이토 씨의 표현은 공손하지만 나에 대해 격렬한 적의를 보여 주었고, 나의 논문은 "극단적인 친소親蘇 감정이 앞서고 있으므로 '얼굴은 일본인일지라도 마음은 소련인(日面ソ心, 일면소심)의 논문이 되었다"고 매도했다.

나는 이 모욕적인 문구를 읽으며 옛날 같으면 결투하자고 덤벼드는 꼴이라고 생각했다. '일면소심'이라는 표현은 분명히 '인면수심人面獸心'이라는 의미가 깔려 있고, 소련인을 '수獸'에 비유한 것은 외국인 배척의 말투이며, 나까지 짐승(獸)으로 보았다. 연구자의 문장에 대해 이처럼 비열한 욕설을 퍼붓다니, 그대로 넘어갈 수 없었다. 그러나 지금 시대에 결투를 벌일 수도 없었다. 나는 이토 씨의 주장을 철저하게 반박하는 것으로 대항하고자 했다.

조사해 보니, 이토 씨의 주장은 그 개인의 주장이 아니라 외무성의 견해를 대변한 주장이라는 사실을 알게 되었다. 외무성은 에토로후와 구나시리 섬은 지시마가 아니라는 주장을 보강하기 위해 1875년의 조약과 함께 1855년 조약도 들춰냈던 것이다. 결국 나는 이 두 개의 조약을 연구하게 되었다.

1855년 조약

1855년 조약이란 러일통호조약을 말한다. 이 조약이 체결된 날은 1855년 2월 7일이다. 이 조약에서, 에토로후 섬과 우루프 섬 사이에 쿠릴 열도의 국경선을 긋기로 결정했다. 현재, 이 조약이 조인된 날을 '북방영토의 날'로 정한 것은 바로 이 때문이다.

러시아는, 다른 나라와의 통상과 교역을 금지했던 막번체제幕藩體制▶의 일본에 최초로 개국을 요청하는 사절을 보낸 나라였다. 1792년 사절로 임명된 락스만Adam Laxman은 이세국伊勢國의 운송선 선장인 다이코쿠야 고다유大黑星光太夫가 러시아에 표류하게 되자 그를 일본으로 송환하면서 홋카이도에 들어와 개국 통상을 요구했다.

1804년에는 레자노프Nikolai P. Rezanov가 사절로 파견되어 나가사키에 도착해 개국 통상을 요구했다. 일본은 사절이 도착한 후 반년 동안 기다리게 하고는 러시아 황제의 친서를 받지 않겠다는 이

▶ 도쿠가와 이에야스(德川家康, 1543~1616)가 1603년 2월에 에도 막부江戶幕府 시대를 연 뒤로 일왕이 집권하는 메이지 유신 전까지 250여 년 동안 이어져 온 통치체제이다. 이 체제는 막부幕府라는 중앙집권적인 존재와 번藩이라는 분권적인 존재를 허용했으며, 다이묘大名를 중심으로 한 각지의 무사단은 에도 막부의 우두머리인 쇼군將軍을 최고 통치자로 인정하고 각각 독립된 영지인 번藩을 운용하면서 자치적으로 백성을 통치했다. 다이묘는 영지를 지급받는 대신 쇼군을 위해 군역軍役에 봉사해야 했으며, 교대로 1년씩 막부가 있는 에도에서 지내는 참근교대參謹交代의 의무를 따라야 했다.

유로 돌려보냈다. 레자노프는 일본 측에 압력을 가할 속셈으로 사할린과 구나시리 섬의 일본 경비소를 공격하게 했다. 일본은 분개하여 1811년 지도 제작을 위임받아 항해하다가 구나시리 섬에 도착한 러시아 함장 골로브닌Vasilii M. Golovnin을 체포했다. 이 함장을 석방시키려고 애쓴 리코르드Ivanovich Rikord 부함장과 일본인 상인 다카다야 가헤에高田屋嘉兵衛의 활약은 시바 료타로司馬遼太郎의 장편소설『유채꽃 바다菜の花の沖』에 잘 묘사되어 있다.

그후에도 러시아 측의 노력은 계속되었고, 1852년 미국이 페리Matthew C. Perry 제독의 함대를 보내 일본에 개국을 압박하자 러시아도 이에 뒤질세라 푸탸틴Yevfimy V. Putyatin 제독을 사절로 일본에 보냈다. 페리 제독은 강철함대의 힘으로 1854년 3월 31일 일본과 화친조약을 맺는 데 성공했다. 푸탸틴은 때마침 발생한 안세이安政 동해지진(1854년 12월 23일)으로 고민하다가 결국 1855년 2월 7일, 시모다下田에서 러일통호조약을 체결하기에 이르렀다. 이 조약에는 국경 획정劃定이 포함되어 있어 미국보다 훨씬 더 교섭이 복잡했다.

푸탸틴은 일본에 도착하기 전 오가사와라 제도에서 연락선을 통해 본국에서 보낸 새로운 훈령을 받았다. 거기에는 영토 교섭과 관련하여 다음 사항들이 지시되어 있었다.

쿠릴 열도에 대해서는, 러시아에 속하는 남쪽 끝 우루프 섬을 러시아령의 최종 지점으로 삼는 것을 수용해도 좋다. 그 결과 우리 쪽에서 보면 이 섬의 남단이 일본과의 경계가 되고(지금도 실제로 그렇게 되어 있다), 일본 쪽에서는 이투루프 섬의 북단이 경계가 된다.

사할린 섬에 대해서는, 일본이 병영을 둔 남단의 아니바 만(Aniva Bay, 亞庭灣) 외에는 주인 없는 땅이라 일본이 아니바 만을 요구한다면 '양보적인 태도를 보여도 좋지만, 그 어떤 경우라도 사할린과 기타 부분에 대한 그들의 권리는 인정할 수 없다'고 하고, 대화가 정리되지 않으면 '문제를 현재 상태에서 보류'하라고 지시했다.

결국 푸탸틴은 이 훈령대로 교섭을 타결했다. 일본은 러시아 인들의 '쿠릴 열도'에 관한 인식을 받아들였다. 러시아 측이 네덜란드어로 조약 정본을 마련하여 두 나라는 이 조약에 조인했다. 당시 일본 통역관이 네덜란드어를 일본어로 해석한 난문화해蘭文和解로 제2조를 살펴보자.

지금부터 이후로 러시아국과 일본국과의 경계를 '이투루프'와 '우루프' 사이로 하고, '이투루프' 섬 전체는 일본에 속하며, '우루프' 섬 전체와 그밖의 북쪽에 있는 쿠릴久利 열도는 러시아 소령所領에 속한다.

이 문장에서 다음과 같은 일본어 문장이 만들어졌다.

지금 이후로 일본국과 러시아국의 경계는 '이투루프' 섬과 '우루프' 섬 사이에 있다. '이투루프' 섬 전체는 일본에 속하고, '우루프' 섬 전체 그보다 북쪽의 '쿠릴' 열도는 러시아에 속한다.

일본어 문장에서 한문 문장이 완성되었다. 한문은 네덜란드어 문장 다음으로 권위 있는 정본이며 다음과 같다.

嗣後魯西亞國與日本國之境, 應在厄土呂布, 蔚布兩島間, 其厄土呂布全島屬日本, 蔚布全島及其北方久利留諸島屬魯西亞.

우선 네덜란드어 문장의 번역문을 보면, 이투루프 섬과 우루프 섬 이름이 등장하고 '그밖의 북쪽에 있는 쿠리久利 열도'라고 했다. 이 두 개의 섬도 쿠릴 열도 안에 포함된다. 그 가운데 우루프 섬은 '그 밖의 북쪽에 있는' 쿠릴 열도와 함께 러시아령이다. 러시아인들의 쿠릴 열도에 대한 인식이 전제되어 있으므로 쿠릴 열도는 이투루프 섬의 남쪽에도 있고 그 섬들 모두 쿠릴 열도라는 것이다. 이 표현에 모순은 없다.

그러나 일본어 문장과 한문을 보면, '그보다 북쪽의 쿠릴 열도'(일본어 문장), '其北方久利留諸島'(한문)가 되어 네덜란드어 문장에 있는 '그밖의(기타其他)'라는 말이 빠져 있다. 분명히 누락되었다. 왜 그런 실수가 일어났는지에 대해, 나는 '기타'라는 말을 옮겨 쓸

때 '기지(其地. 그 땅)'라고 잘못 옮겨 썼기 때문이 아닐까 생각한다. '타他'를 '지地'로 잘못 읽는 경우가 당시 자료들 가운데 종종 있었기 때문이다. 국립국회도서관에 소장되어 있는 미쓰쿠리箕作 가문의 문서 가운데 네덜란드어를 일본어로 번역한 책자가 있다. 그 책자에 '타他'가 2회, '지地'가 2회 나오는데, 그 가운데 하나에서 '기지의 법도'가 되어야 할 부분이 '기타의 법도'라고 잘못 기록되어 있다. 오기의 가능성이 크다. 이 사례에서 '그 땅의 북쪽'에서 일본어 문장 '그보다 북쪽', 한문의 '其北方'이 쉽게 나온다.

하지만 일본어 문장은 러시아 측에서 검토하지 않았지만, 한문은 러시아 측의 고시케비치Iosif Goshkevish라는 통역관이 검토했다. 당연히 실수가 발견되었을 것이다. '타' 자가 빠져 있다, '其北方'은 '其他北方'으로 고쳐야 한다고 합의가 이루어졌을 것이다. 그러나 모스크바의 러시아 외교문서관에 보관된 일본이 건넨 한문 원본을 보았는데 '其北方'으로 되어 있었다. 일본의 한문 통역관 고가 긴이치로古賀謹一郎의『고가 서사일기古賀西使日記』에는 조인 회장에서 조약문을 보고 한문에 한 글자가 빠졌다고 술렁거렸지만, 어쩔 수 없었다고 적혀 있다. 나는 그 탈자가 바로 '타' 자일 거라고 짐작한다.

이러한 이유로 일본어와 한문 문장은 결함이 있는 문서이다. 문장을 해석하면 어떻게 되겠는가? 일본어 문장은 애매하지만 한문과 대조해 보면, '우루프 섬 전체 그보다 북쪽의 쿠릴 열도'라는 표현은 '우루프 전체 섬과 그 북쪽의 쿠릴 열도'라고 이해된다. 그렇다면 우루프 섬은 쿠릴 열도 안에 포함되지 않는다. 우루프 섬을 포함하여 그 북쪽이 쿠릴 열도라고 외무성이 바라는 정의는 이 문장에서는 끌어낼 수 없다고 생각한다.

네덜란드어로 된 정본에서 이투루프 섬도 우루프 섬도 쿠릴 열도에 속하며, 우루프 섬과 그밖의 북쪽에 있는 쿠릴 열도가 러시아 영토로 되었음을 확인할 수 있다. 이에 따라 외무성의 주장은 성립될 수 없다.

1875년 조약

그렇다면 1875년의 조약은 어떨까? 이 조약은 통상적으로 가라후토·지시마 교환조약이라고 한다. 1855년 조약에서는 사할린에 대해 그 어떤 경계를 짓는 결정도 내리지 않았고, 그후 러시아 측이 사할린에 집착을 보이면서 메이지 유신 후에도 충돌이 계속되었다.

1870년, 홋카이도 개척 차관 구로다 기요타카黑田淸隆는 쓸모없는 땅을 둘러싼 싸움에 정력을 낭비하지 않고 포기하는 것이 최선이며, 모든 자원을 홋카이도라는 새로운 영토의 개척과 개발에 쏟아부어야 한다는 의견을 가지고 있었다. 그리하여 그는 부하로 거느리기로 한 적장賊將 에노모토 다케아키榎本武揚를 공사公使로 임명하여 러시아에 파견하고, 사할린 포기라는 협정을 체결하기로 추진했다. 1875년 5월 7일 에노모토는, 일본이 사할린에 대한 권리를 포기하고, 러시아로부터 북 지시마를 양도받는다는 페테르부르크 조약에 조인했다.

이 결단은, 근대 일본의 출범 당시 지도자가 얼마나 냉철하고 이성적인 판단에 근거하여 영토문제에 대해 결단을 내렸는지를 보여 주는 중요한 사례이다. 그러나 일본 국내에서는 당연히, 그 드넓은 사할린을 포기하고 사람이 살 수 없는 북 지시마를 얻었다고 거센 비난이 일었다. 에노모토는 이미 그 사실을 예상하고 이 조약문을 번역할 때 지시마와 가라후토의 교환이 성공적이었다는 환상을 심어주어 크게 양보한 인상을 감추려고 애썼으리라 생각한다. 당연히 번역은 의역과 왜곡된 번역의 연속이 되었다.

조약의 정본은 프랑스어이다. 문제가 된 제2조의 프랑스어 문장을 충실하게 일본어로 번역해 본다.

제2조 전全 러시아 황제폐하는, 제1조에 기록된 사할린 섬에 대한 권리를 러시아로의 양여讓與와 교환에, 짐과 그 계승자의 이름으로 짐이 현재 소유하고 있는 쿠릴이라는 섬들의 집단을 ……일본 황제폐하에게 양여한다. 그 결과, 앞서 기록한 쿠릴 섬들의 집단은 지금 이후부터 일본제국에 귀속된다. 이 집단은 다음에 열거하는 18개의 섬을 포함한다. 제1 슘슈 섬, ……제18 우루프 섬. 그 결과, 이 방면의 러시아와 일본 양 제국 사이의 국경은 캄차카 반도의 로팟카 곶Cape

Lopatka과 슘슈 섬 사이에 있는 해협을 지나간다.

이 문서를 보면, 러시아가 소유한 쿠릴 열도의 부분(북 쿠릴 열도를 가리킨다)을 일본에 양여했으니 그 섬들은 일본 영토가 된다. 그 자세한 내용은 다음의 18개 섬이라고 했으므로 이해하는 데 문제가 없다. 일본이 쿠릴 열도의 별도 부분, 즉 남 쿠릴 열도를 영유하고 있으니 결과적으로 쿠릴 열도 전체가 일본 땅이 되었던 것이다.

다음으로 에노모토가 번역하여 현재 일본에서 조약문이라고 인정하는 내용을 보자.

제2관 전술 러시아 황제폐하는 제1관에 기록되어 있는 가라후토 섬의 권리를 받고, 그 대신 그 후손에 이르기까지 현재 소유하고 있는 '쿠릴' 군도, 즉 제1 '슘슈' 섬 …… 제18 '우루프' 섬, 모두 18개 섬의 권리와 군주에 속하는 모든 권리를 대일본국 황제폐하에게 넘기고, 지금 이후부터 '쿠릴'의 모든 섬은 일본제국에 속한다. 캄차카東察加 지방의 '로팟카' 곶과 '슘슈' 섬 사이의 해협을 양국의 경계로 삼는다.

정본과 비교하여 가장 큰 차이는, 정본에서 '쿠릴이라는 섬들의 집단'이라는 표현을 '쿠릴 군도'로 바꿔 마치 쿠릴 열도와 동의어처럼 보이게 했다는 점이다. 러시아에게 양도받은 쿠릴 열도의 부분이 일본제국에 속한다는 정본의 정확한 문장을 '쿠릴의 모든 섬은 일본제국에 속한다'고 말을 바꾸었다. 이 부분은 번역이 아니라 완전한 창작이요, 새롭게 고쳐 쓴 문장이다. 즉, 일본어 문장에 이제는 '쿠릴의 모든 섬'이 일본 땅이 되었다는, 조약문 정본에도 없는 문장을 창작해서 덧붙여 아주 큰 획득을 한 것 같은 인상을 꾸며냈다. 이와 같은 정치적인 작문에서는 쿠릴 열도의 정의를 이끌어낼 수가 없다. 우루프 이북의 18개 섬을 '현재 소유하고 있는 쿠릴 군도'의 섬으로 들고 있지만, '현재 소유하고 있는 쿠릴 군도'는 '쿠릴 열도'가 아님은 이 문장을 보아도 명확하다.

　이상 두 가지 조약에서 쿠릴 열도의 정의를 이끌어낼 수 없다고 1987~1988년에 나와 더불어, 지금은 돌아가신 무라야마 시치로村山七郎 선생이 협력하여 밝혀냈다. 무라야마 선생의 주장은 1987년의 저서『쿠릴 제도의 문헌학적 연구クリル諸島の文獻學的研究』에 잘 정리되어 있다. 나는『세계』1987년 5월호에「가라후토·지시마 교환조약」에 대한 검토를 실었고, 다음과 같이 결론지었다.

　국제법의 초보자 입장에서 보면, 조약의 정본인 프랑스어 문서만이 인용 가치가 있으며, 일본어 번역문을 인용 근거로 한 모든 논의는 국제적으로 전혀 의미가 없다.

이토 겐이치는 나의 이 반론에 대답을 하지 않았다. 아마 대답하지 못할 것이라고 생각한다. 애초에 내가 두 가지 조약을 연구하게 된

계기는 이토 씨의 모욕적인 발언 때문이었으며, 결국 1855년 조약에 관한 책을 쓰게 되었으니 이토 씨에게 감사하지 않을 수 없다.

찬성과 반대

지난 20년 동안 나와 무라야마 선생의 주장을 언급하거나 의견을 제시한 사람은 많지 않다. 전적으로 찬성해 준 사람은 『암투』의 저자 하세가와 쓰요시였다. 그는 『북방영토 문제와 러일관계北方領土問題と日露關係』(2000년)에서, 나의 논의에 대해 "훌륭한 고증을 통해 입증하고 있으며, 설득력이 있다"고 평가했다. 반대 의견을 밝힌 사람은 기무라 히로시木村汎이다. 기무라 씨는 1993년 『러일국경 교섭사日露國境交涉史』에서 두 가지 조약을 언급하면서 우리의 주장을 거론했다.

먼저 1855년 조약에 대해, 외무성의 견해에 의문을 제시했다는 점에서 우리의 주장이 문제제기로는 좋지만, 남쪽에도 쿠릴 열도가 있다는 생각을 인정하라는 것은 뜻밖이라면서 받아들이기 힘들다고 했다. 기무라 씨도 네덜란드어 문장에 근거하여 논의해야 한다는 점에는 이의가 없지만, '그밖의'라는 말에 포함되지 않는 섬은 우루프뿐인가, 에토로후 섬은 거기에 포함되지 않느냐고 했다. '북쪽의'라는 한정구에는 의미가 없다는 의견을 하카마다 시게키袴田茂樹의 의견을 인용하면서 의문을 제기했다.

분명히 그러한 주장도 할 수 있다. 그러나 말꼬리를 잡는 반론은 의미가 없다. 나는 1987년 이후로, 러시아인의 쿠릴 열도에 대한 인식이 엄연히 존재했으며, 그와 모순되지 않도록 조약의 정본이 작성되었음을 중시해야 한다고 끊임없이 주장했다. 기무라 씨나 하카마다 씨는 1855년 시점에서 러시아인이 우루프 이북을 쿠릴 열도라고 인식했다는 점을 논증할 수 없을 것이다.

1875년 조약에 대해서도 기무라 씨는 '쿠릴'이라는 섬들의 집단'이라는 말에 걸린 대명사구의 연결방식에 대한 나의 의견을 비판했다. 그 점에 대해서도 논의할 수 있지만, 기무라 씨가 나의 기본적인 주장에 대해 시선을 외면하는 태도에는 변함없었다. 그리고 어떠한 근거도 없이 "'쿠릴 열도'의 정의는, 당시 러시아와 일본 양국이 완전히 이해한 명확한 이치"였으며, 일본령이 된 4도를 제외한 18개 섬을 일컫는 것을 전제로 교섭이 진행되었다고 주장했다. 그런데 그와 같이 주장하려면 확실한 증거를 제시해야 할 것이다.

분명히 1855년부터 1875년 사이에, 그와 같은 생각을 가지고 있었음을 보여 주는 지도가 일본에서 제작되었다는 사실은 잘 알려져 있다. 1859년에 누마즈沼津의 네덜란드어 학자 다케다 간고武田簡吾가 작성한 「여지항해도興地航海圖」에는 러시아 측의 섬들 옆에 '큐루레 제도'라고 쓰여 있다(〈그림 12〉). 1869년의 마쓰우라 다케시로松浦武四郎의 「북해도국군전도北海道國郡全圖」에도 러시아 측의 섬들 옆에 '양≉ 큐리리스 제도, 또한 쿠리렌트라고 함'이라고 기재되

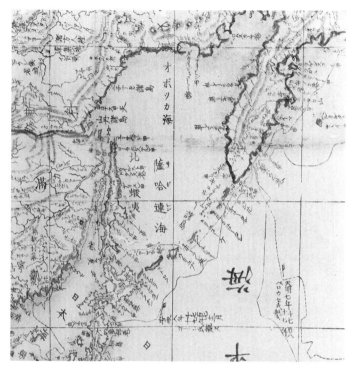

〈그림 12〉 1859년에 간행된 「여지항해도」 부분 가운데 큐루레 섬. 원래는 존 브릿지가 제작하여 푸탸틴의 기함旗艦에 걸려 있던 지도가 수몰되어 빛이 바랜 채 나온 물건을 누마즈 시의 네덜란드어 학자가 번역 출판했다. 큐루레 섬이 우루프 섬보다 북쪽의 섬 옆에 쓰여 있다. 에토로후 섬과 구나시리 섬은 붉게 칠해져 일본령이라고 표시되어 있다.(누마즈 시 메이지사료관沼津市明治史料館 보관, 개인 소장)

어 있다. 그러나 이 지도에는 새로운 메이지 정부가 하보마이와 시코탄 섬을 '네무로根室 주州'로, 구나시리 섬과 에토로후 섬을 '지시마千島 주'로 행정을 구분하여 적었다.

한편, 러시아 측은 한결같이 슘슈 섬에서 시코탄 섬까지가 쿠릴 열도라는 인식을 고수했다. 조약 체결 후에 에노모토가 번역하도록 한 폴론스키의 책『쿠릴 제도』(1871년)는 당시 러시아 대표적인 저서이며, 그 첫머리에 다음과 같이 쓰여 있다.

> 쿠릴 열도는, 동양[태평양]의 북서부에 있고, 캄차카 곶과 일본의 마쓰마에 섬(松前島, 에조) 사이 10도度에 걸쳐 있는 열도이다. 쿠릴 열도를 이루는 섬의 수는 보통 22개로 간주한다. …… 북부의 18개 섬은 러시아에 속하고, 남부의 4도는 일본에 속한다.

기무라 씨가 제아무리 노력해도 당시 러시아가 쿠릴 열도는 "일본령이 된 4도를 제외한 18개 섬을 가리킨다"고 보았음을 증명할 자료를 제시할 수 없을 것이다. 이렇듯 1875년 조약의 정본은 한결같이 러시아의 쿠릴 열도관을 근거로 삼았다.

설득력 없는 일본의 논리

오류와 왜곡이 있는 일본어 번역문에만 근거한 일본 외무성의 논리는 러시아어로 번역할 수 없고, 당연히 러시아인들에게도 설득력이 없다. 일본 외무성에서 러시아어와 영어로 『일본의 북방영토』라는 팸플릿을 제작해 러시아인을 설득하기 시작한 시기는 1992년이었다.

우선 첫머리에서 1855년 조약을 설명하는데, 이 조약 제2조를 설명하기 위해 인용한 문장은 시모다에서 일본 측에 건넨 공식 러시아어 문장이 아니다. 오류가 있다고 이미 앞에서 지적했던 일본어 문장을 러시아어로 새롭게 번역한 조약문을 인용했다. '우루프 섬 전체와 그보다 북쪽의 쿠릴 열도는'으로 되어 있어 '그밖의'가 빠져 있다. 아무런 언급 없이 이렇게 설명한 것은 러시아인을 속이는 방법에 지나지 않는다.

다음으로 가라후토·지시마 교환조약을 설명하는데, 여기에서는 일본어 문장과 조약 정본이 너무나 달라 당연히 문서를 인용할 수 없다. 그래서 조약의 내용을 간단하게 '러시아는 우루프 섬에서 슘슈 섬에 이르는 18개 섬으로 구성된 쿠릴 열도를 양여하는' 것이라고만 설명했다. 이는 사실상, 이 조약을 고의로 의역한 일본어 문장의 내용을 설명한 것이다.

이와 같은 방법으로는 러시아인을 설득할 수 없다. 러시아인은 슘슈 섬에서 쿠나시르 섬까지가 쿠릴 열도라고 변함없이 생각하기 때문이다.

미국이 외교문서에 싣지 않는 이유

두 가지 번역문이 도움이 되지 않자, 마지막으로 이른바 신의 가호를 갈구하듯이, '미국 정부가 그렇게 말하니까 문제가 없다'는 논리를 선택하는 수밖에 없다. 1957년 기시 노부스케岸信介가 수상이 되었다. 미국은 기시 수상에게 큰 기대를 걸었으나 그해 주일미군 병사 지라드W. Girard가 사격장에서 탄피를 주으려고 들어온 마을 아낙을 사살한 사건이 터져 미일관계가 위기에 빠졌다. 그리하여 미국 정부는 마침내 되돌릴 수 없는 상황, 루비콘 강을 건널 수밖에 없었다. 1957년 5월 23일 미 국무성은 소련 외무성에 보낸 서한에서, 얄타 협정에서나 샌프란시스코 평화조약에서 "쿠릴 열도라는 말은, 지금까지 언제나 Japan proper의 일부이며 또한 당연히 일본의 주권하에 있다고 인정받아야 할 하보마이 군도, 시코탄 섬, 또는 구나시리 섬, 에토로후 섬을 포함하지 않으며, 포함하려는 의도조차 하지 않았다"고 단언한 것이다. 이는 3년 전 홋카이도의 네무로 앞바다에서 소련 전투기에 격추된 미군기 사건의 배상을 요구하는 서한에서처럼, 화나는 대로 거침없이 몰아붙이고 버젓이 거짓말을 하는, 상투적인 표현이었다.

일본 외무성은 크게 기뻐하며 이 서한을 금과옥조처럼 다루어 팸플릿 『우리의 북방영토』에 수록했다. 그러나 미 국무성은 외교문서집 『미국의 대외관계 1955~1957*Foreign Relations of the United*

States, 1955~1957, Vol. XXIII, Pt. 1, Japan』에 이 문서를 수록하지 않았다. 미국 정부로서는 그다지 선전하고 싶지 않은, 정치적으로 무리한 문서였기 때문이다.

샌프란시스코 평화조약에서 일본은 에토로후와 구나시리 섬을 포함해 지시마 열도로 포기했다. 다만 시코탄과 하보마이 군도는 홋카이도의 일부라고 하면서 요시다 전권대사는 강화회의장에서 포기하지 않는다고 선언했다. 전 세계가 알고 있는 이 사실을 궤변으로 부정하는 것은, 이전에 자신이 한 말을 부정하고 세계를 기만하고 자국민을 기만하는 것이다. 교섭 상대국에 그 어떠한 효과도 지니지 못한다. 궤변으로 외교를 할 수는 없다.

변화의 징조

외무성 사람들은 오랫동안 이 궤변을 사수해 왔다. 현재도 거의 대부분의 사람들이 이 궤변을 믿고 있는 것 같다. 궤변을 수차례 반복하는 사이에 어느덧 그렇게 믿게 되었을 것이다. 외무성 사람들은 자신들의 선배인 니시무라 구마오 조약국장의 답변을 이케다 수상이 '틀렸다'고 선언하자, 그 판정에 따라 니시무라 조약국장의 답변이 틀렸다고 생각했다.

『마이니치 신문』의 '논점'란에 러시아 대사를 역임한 단바 미노루丹波實가 쓴 「푸틴 재등장과 북방영토」(2011년 10월 28일)라는 글을 읽는 순간 놀라 버렸다.

일본이 4도 반환을 요구하는 것은, 이 섬들이 일본의 조상들에게 물려받은 땅이며, 1855년의 러일통호조약과 1875년의 가라후토·지시마 교환조약에서 북방 4도가 현재 러시아가 지배하는 지시마 열도에 포함되지 않는다고 분명하게 밝혔기 때문이다.

단바 씨와는 대사관저에 초대받아 이야기를 나눈 사이인데, 내가 책에서 주장한 부분을 그가 전혀 눈여겨보지 않았는가 하는 안타까운 생각이 들었다.

하지만 빛이 보이지 않는 것은 아니다. 최근 들어 외무성 OB들 가운데 대담하게 궤변을 반박하는 사람들이 등장했다. 우즈베키스탄 대사와 이란 대사를 역임한 마고자키 도루孫崎享이다. 그는 자신의 저서 『일본의 국경문제—센카쿠·다케시마·북방영토日本の國境問題—尖閣·竹島·北方領土』에서, 샌프란시스코 강화회의에 참석한 요시다 전권대사의 발언에 대해, "에토로후와 구나시리를 지시마 남부에 위치를 지정해 포기한 지시마에 포함했다"(104쪽)라고 잘라 말했다. 사실을 사실대로 보는, 이러한 태도가 외무성의 공식적인 태도가 되기를 빌어 본다.

사토 마사루佐藤優도 최근 마쓰모토 슌이치의 회고록 『일소국교 회복비록日ソ國交回復秘錄』이 다시 출간될 때 덧붙인 해설에서, 샌프란시스코 강화회의에서 요시다 전권대사의 발언과 비준국회에서 니시무라 조약국장의 답변을 검토해 샌프란시스코 평화조약에서 포기한 지시마 열도에 구나시리 섬과 에토로후 섬이 포함된다는 것이 일본 정부의 견해이지만, 이 견해는 1956년에 바뀌었다고 인정했다. 또한 그는 그때 비롯된 새로운 '북방 4도의 신화'는 국민감정을 치유하는 데 매우 필요한 부분이었다고 평가하지만, 그래도 궤변을 확실하게 뿌리친 것만큼은 대단하다.

제5장

일본과 소련의 교섭 역사는 냉전의 드라마였다

일본과 소련의 교섭 시작과 미국의 정책

이와 같은 궤변이 어떻게 생겨났을까? 일본 정부의 외무성은 왜 이 정도의 궤변에 몸을 맡겨 돌진했을까? 거기에는 이유가 있다. 바로 냉전이라는 냉엄한 현실 아래 미일관계에서 비롯된 산물이었기 때문이다.

일본과 소련의 교섭사는 냉전 상황에서 이루어졌고, 미국과 소련의 대립이라는 자기장磁氣場의 영향을 직접적으로 받았다. 미국은 맹렬한 기세로 일본과 소련의 교섭에 개입해 왔다. 그리고 일본 국내의 주요 세력들은 미국의 힘에 매달리려 했다. 냉전의 최전선에서 한 발의 포탄도 터뜨리지 않고 한 사람의 사망자도 내지 않았지만, 권모술수와 모든 수단을 동원하여 격렬한 싸움이 점점 확산되었다. 그 과정에서 진실로 국익을 생각하고 추구하는 것은 몹시 어려운 일이었다.

소련은 평화조약에 서명하지 않는다는 행동 방침으로 샌프란시스코 강화회의에 참석했다. 따라서 일본은 독립했지만 소련과의 관계는 아직 정상적인 상태가 아니었다. 억류자 상당수가 소련 감옥에 갇혀 있었고, 소련이 승인하지 않으면 일본은 UN에 참가할 수도 없었다. 연합국 점령에서 독립한 뒤 추방령이 해제되고 거물 정치가들이 복권하자, 내셔널리즘nationalism의 분위기가 자연히 높아지고 이와 함께 요시다 친미노선에 대한 비판이 고개를 들었다. 이때 등장한 인물이 헌법을 개정해 자위군을 창설하고 일소평화조약의 체결을 정책 중심으로 내건 하토야마 이치로鳩山一郎였다. 이 하토야마가 바로 일소국교 정상화 교섭에 나서게 되었다.

하토야마의 외교 정책통으로, 나중에 제2차 하토야마 내각에서 방위청 장관을 지낸 스기하라 아라타杉原荒太가 1954년 2월 12일 하토야마에게 보낸 일소 교섭의 원칙안이 남아 있다. 이 문서에는, 영토문제와 관련한 하보마이와 시코탄 섬에 대해 '우리의 영토권을 철두철미하게 주장하고, 나아가 빠른 시일에 반환하라고 주장할 것'을 강조했으며, 그래도 어쩔 수 없는 경우에는 먼저 반환 주장을 받아들이게 한 상태에서 오가사와라 제도 등의 예에 따라 처리한다, 즉 잠재 주권을 인정하는 것만으로도 괜찮다고 했다. '지시마 및 남 가라후토'는 우리의 영토권을 포기하기로 결의하면서 이에 대처하지만, 귀속에 대해서는 훗날 교섭하는 것으로 남겨둔다고 했다. 스기하라의 결론은 "영토문제의 해결을 국교 회복의 선결 조건으로 하지 않겠다"는 것이었다.

이 자료는 하토야마鳩山 가문에서 보관했던 문서로, 『홋카이도신문北海道新聞』에서 보도했다. 하보마이와 시코탄의 잠재 주권 확인을 가장 낮은 조건으로 하여 일소 교섭을 한다는 이 방침이 하토야마 이치로의 소련에 대한 교섭 입장이었다고 생각한다.

마침내 하토야마는 요시다 시게루를 밀어내고 1954년 12월 정권의 자리에 올랐다. 이때 외상은 A급 전범으로 스가모巣鴨 형무소에서 복역하고, 전시 중에 외상을 맡았던 시게미쓰 마모루였다. 하토야마 내각이 구성되자 바로 "일소 교섭을 시작할 용의가 있다"고 소련 외상 몰로토프가 성명을 발표했고, 해가 바뀌어 1955년 1월 25일 소련 주일대표부의 돔니츠키 Ivanovich Domnitsky가 소련 정부의 서한을 가지고 하토야마 저택을 방문했다.

돔니츠키가 서한을 전달하면서부터 일소 교섭을 향한 움직임이 서서히 시작되었다. 이때 일소 교섭의 전권대사로 선정된 인물이 종전 당시 외무차관으로 전쟁 종결을 위해 애쓴 마쓰모토 슌이치였음은 운명적이었다. 마쓰모토는 패전 후 주영대사를 역임하고, 이때는 외무성에서 나와 민주당 국회의원으로 활동했다.

이 움직임에 불안을 느낀 것은 미국이었다. 미 국무성은 1954

년 9월 25일, 2년 전 하보마이 군도의 한 섬(유리勇留 섬) 상공에서 격추된 미군기 사건에 대해 항의문을 보내고 배상을 요구하면서 일소 교섭에 개입하려는 움직임을 보였다. 이 항의문 가운데, 평화 조약과 얄타 협정의 문맥에서 '쿠릴 열도'라는 명칭은 '하보마이 군도의 일부인 유리 섬을 포함하지 않으며, 포함하려는 의도조차 하지 않았다', 따라서 소련이 아무 권리도 없는 하보마이 군도를 놓고 일본에 대한 주권 행사와 미국의 원조에 따른 방위 수행을 방해하는 것은 부당하다고 주장했다.

이어서 11월 7일에도 하보마이 상공을 비행하던 미군기가 소련기에 격추되는 사건이 벌어졌다. 어쩌면 이 사건은 의도적으로 꾸몄을지도 모른다. 미 국무장관 덜레스는 대통령에게 「하보마이 군도의 주권에 대하여」라는 요약문을 제출하여, "조약에서 일본은 분명히 쿠릴 열도와 관련한 이해득실을 포기하고, 미국과 더불어 하보마이 군도는 쿠릴 열도의 일부가 아니라고 생각한다", 그러나 "내가 알고 있는 한, 러시아인을 (하보마이 군도에서) 쫓아내기 위해 할 수 있는 방법은 전쟁밖에 없다"고 했다. 전쟁을 해야만이 일본은 하보마이 군도를 되찾을 수 있으니, 일본이 계속 이 군도를 돌려 달라고 요구하면 일소관계는 끝모를 긴장이 계속될 것이다, 덜레스는 그렇게 생각했다. 그리고 12월 30일 머피Robert D. Murphy 국무성 부차관은 "적당한 기회에 하보마이에서의 소련 지위에 대해 보다 직접적으로 도전할 가능성을 찾으려 계획하고 있다"고 대통령 고문에게 전했다. 도발을 일으켜 하보마이를 둘러싼 충돌 분위기가 고조되면 미국은 일본과 소련 교섭을 충분히 견제할 수 있으리라고 생각했을 것이다.

1955년 1월 26일, 덜레스는 앨리슨John M. Allison 주일대사에게 소련과의 교섭이 미일안보조약에 영향을 미쳐서는 안 되며, 샌프란시스코 평화조약에 어긋나서도 안 된다고 시게미쓰 외상에게 전하도록 지시하고, "미국은 하보마이와 시코탄이 쿠릴 열도의 일부가 아니며 일본 영토라는 일본의 주장을 계속 지지한다"는 말을 일본에 전하도록 했다.

2월이 되자 일소 교섭 시작에 즈음하여, 일본은 소련에게 쿠릴 열도를 반환하라고 주장할 테니 미국이 지지해 주기 바란다고 부탁했다. 그리하여 국무성의 맥클러킨Robert J. G. McClerkin 북동아시아국장은 2월 16일 국무성 극동문제 차석법률고문 스노에게 샌프란시스코 평화조약에서 쿠릴 열도와 남 사할린 문제를 어떻게 다루었는지 문의했다. 스노의 회답은, 쿠릴 열도는 일본이 무력으로 빼앗은 것은 아니지만 전체적으로 러일 간의 '계쟁係爭▶문제'라면서, 샌프란시스코 평화조약에서 "일본이 쿠릴 열도를 포기하지 않았다고 주장한다면 미국은 수미일관首尾一貫할 수는 없을 것"이라는, 그동안의 태도에서 크게 벗어나지 않았다. 하보마이와 시코탄

▶ 문제를 해결하거나 목적물의 권리를 얻기 위해 당사자끼리 법적으로 다투는 것을 의미한다.

에 대해서는 일본의 입장을 전적으로 지지할 수 있다고 했다. (나는) 스노의 의견을 접한 맥클러킨이 지금까지의 노선에서 벗어나지 못한다고 판단했으리라 생각한다.

미국 정부는 연초부터 준비해 온 국가안전보장회의(NSC, National Security Council) 문서 5516/1, 「미국의 대일정책」을 4월 9일에 채택했는데, 일소 교섭에 대해 다음과 같이 적혀 있었다.

> 하보마이와 시코탄에 대한 주권을 소련에 요구하는 일본의 주장을 지지한다. 쿠릴 열도와 남 사할린에 대한 소련의 주권과 주장에는 따르지 않는다.

이 정책문서를 바탕으로 4월 20일 극동문제담당 국무성 차관보대리 시볼드가 각서로 작성하여 미국의 포괄적 견해를 제시했다.

> 일본은, 쿠릴 열도의 일부가 아니라는 이론을 내세워 하보마이와 시코탄을 가지고 싶어하지만, 소련이 동의할 것 같지 않다. 일본은 침략한 영토가 아니라는 이유로 샌프란시스코 평화조약에서의 포기는 무효라든가, 그 조약에서 말하는 쿠릴 열도는 북 쿠릴 열도라고 하여 쿠릴 열도의 일부 또는 모든 영유권을 주장할지도 모른다. 미국은 하보마이와 시코탄에 대한 일본의 주장을 지지한다. 그리고 '적어도 쿠릴 열도의 일부를 요구하는 일본의 주장을 격려하는 데는 정치적 이

유가 강하다'. 그러나 현재 상태를 바꾸면 자칫 류큐나 타이완에도 변화가 일어날 위험이 있다. 그러므로 일본이 쿠릴 열도의 일부를 얻으려 하거나, 또는 일본의 잠재 주권을 인정하라고 요구할 경우에는 적어도 일본의 주장에 반대하지 않는 것이 바람직하다.

일본이 남 지시마를 요구하지 않은 단계에서 이미 시볼드가 쿠릴 열도의 일부, 즉 남 지시마를 요구해도 좋다는 의견을 제시했다는 점에 주목할 필요가 있다. 러일관계의 정상화를 두려워한 미국은 하보마이와 시코탄만으로는 교섭을 난항으로 이끌고 가기에 부족한 것은 아닌지를 생각하기 시작했던 것이다.

시볼드 각서의 취지를 일본 측에 전달하는 것은 앨리슨 대사의 역할이었다. 앨리슨은 다니 마사히사谷正久 외무성 고문을 만나 4월 28일자의 문서를 전했다. 그 문서에는 분명하게 "미국은, 일본이 쿠릴 열도의 모두 또는 일부에 대한 영유권 주장에서 승인을 받아내거나 잠재 주권 소유에 대해 소련의 동의를 얻으려고 노력하는 점에 이의를 제기하지 않는다"라고 쓰여 있었다. 이 문서는 가지우라 아쓰시梶浦篤가 발견해 박사학위 논문에서 처음 밝혔다.

미국이 일본 측에 하보마이와 시코탄 반환에서 벗어나 오히려 쿠릴 열도의 일부를 소련에 요구하기 바란다는 점을, 교섭을 시작하기 전 시점에서 은밀하게 일본 외무성에 직접 전달한 사실은 매우 중요하다. 다만 일본은 이 단계에서 미국의 이 제안의 의미를 아직 이해하지 못한 것 같다.

'2도 반환'을 지시한 〈훈령 제16호〉

마쓰모토 전권대사가 관여해야 할 훈령이 방위청 장관 스기하라 아라타와 외무성 고문 다니 마사히사 사이에서 마무리되었다. 최종적으로 5월 24일 각료회의에서 결정되었고, 26일 자유당과 사회당 좌파와 우파에 설명해 주었다. 이 훈령은 지금도 공개되지 않고 있지만, 하토야마와 더불어 마쓰모토와 가까웠던 『산케이신문』 기자 구보타 마사아키久保田正明는 자신의 책에 〈훈령 제16호〉를 자료로 인용했다(『크레믈린에 보낸 사절クレムリンへの使』).

　3. (여러 현안의 해결) …… 아래 여러 현안의 해결에 관한 절충에 들
　　어가고자 한다.

　1) 우리나라의 UN 가입에 대한 거부권 불행사

　2) 전범을 포함한 억류 일본인 전원 석방과 송환

　3) 영토문제

　　① 하보마이와 시코탄의 반환

　　② 지시마, 남 가라후토의 반환

　4) 어업문제(나포 어선과 승무원 송환 포함)

　5) 통상문제

4. (교섭의 중점문제) 앞 항의 문제에 대해서는 우리 측 주장을 꼭 이
   루도록 노력하고자 하며, 특히 억류 일본인의 석방·송환 및 하보
   마이와 시코탄의 반환은 어떻게든 그 뜻을 이루고자 한다.

이 문서의 신빙성에 대해 먼저 다나카 다카히코田中孝彦는 1955년
6월 2일 시마 시게노부島重信 주미대사가 로버트슨 국무차관보에
게 전달한 일본 정부의 교섭방침이 위의 훈령 내용과 일치한다는
것을 발견하고, 이 〈훈령 제16호〉의 신빙성을 증명했다(『일소 국교
회복의 사적 연구日ソ國交回復の史的研究』, 1993년).

　　더욱 중요한 사실이 있다. 1993년 4월 27일 나는 전문가 몇
사람과 함께, 주영대사관 일등서기관으로 런던 교섭에 참석한 시
게미쓰 아키라(重光晶, 시게미쓰 마모루 외상의 조카)의 자택에서 시게
미쓰가 외무성의 의뢰를 받아 작성한 일소 교섭사의 조사서 내용
중에 〈훈령 제16호〉를 읽는 것을 들었다. 내용은 거의 대부분이
구보타가 인용한 문서 그대로였다. 이러한 사실을 대외비로 하겠
다고 참석자들이 서약했으나 시게미쓰 씨가 이미 돌아가셨기에
이를 공표한다. 동석자 가운데 기무라 히로시도 있었다.

　　요컨대, 일소 교섭을 시작하는 시점에서 일본 정부는 2도 반
환으로 타결하려는 생각을 가졌던 것이다. 하지만 이 사실은 이미
역사에서 지워져 버렸다. 시게미쓰 아키라가 작성한 조사서가 외
무성에 남아 있을까? 〈훈령 제16호〉 원본은 어디에 있을까? 신문

사나 TV 방송국에서 정보공개법의 규정에 따라 이 훈령을 공개하라고 요구해 왔지만, 외무성은 공개를 계속 거부했다.

〈훈령 제16호〉의 내용은, 당연히 2도 반환으로 교섭을 타결할 수 있다고 믿었던 하토야마 수상의 희망과 일치했다. 그와 동시에, 거꾸로 2도 반환만을 고집하면 교섭을 타결하지 못할 것이라고 생각한 일소 교섭의 반대자 요시다 시게루 전 수상, 자유당, 외무성 안의 요시다파의 소원과도 일치했다. 시게미쓰 외상은 최종적으로 두 개의 섬이라도 어쩔 수 없지만, 그러면서도 남 가라후토와 지시마를 들먹이며 '시종일관 강경하게' 교섭해야 한다는 생각으로(『속 시게미쓰 마모루 수기續重光葵手記』 1955년 6월 9일) 이 훈령을 지지했다.

불안을 느낀 미국 대사 앨리슨은 이 기간 동안의 움직임을 우려하는 보고서를 6월 1일에 워싱턴으로 보냈다. 이 문서는 내가 미국 공문서관에서 발견했다(NA, 661. 94/6-225). 앨리슨은, 소련에 경계심을 가진 외무성과 자유당, 경제계 대표 그리고 민주당의 기시 등은 강경한 교섭 자세가 필요하다는 점을 인식하고 있다고 평가하지만, 하토야마 내각의 지도부가 소련에 대한 유화타결론을 퍼뜨려 소련과의 관계가 충분히 회복되리라는 분위기가 지배적이므로, 시게미쓰는 떨떠름해하면서도 그 뜻에 따르기로 했다고 밝혔다. 마쓰모토 전권대사는 시게미쓰 외상의 후임 자리를 노리고 있어 정치적 압력에 약하다고 평가했다.

일본 국내 상황이 불안정하면, 미국이 일본에 대한 통제방식을 보여주는 수단으로 '일본과 소련' 교섭을 활용해 왔는데, 자칫 소련에 그 기회가 넘어갈지도 모른다. …… 일본인에게 보다 효과적인 방법은 미국과 관련한 부분에서 벗어날 수 있도록 유도하는 미끼로, 양보를 하는 것이다. 이 같은 접근법에는 하보마이와 시코탄, 어쩌면 남 쿠릴 열도까지 '일본의 잠재 주권'을 인정하는 것에 동의할 것, 일본의 UN 가입을 인정할 것, 1년이나 2년 유효 기간 동안 유리한 어업권을 부여할 것, 일본의 재군비再軍備 제한을 완화할 것, 덧붙여 위의 영토를 미국이 오가사와라와 오키나와를 반환하는 것과 동시에 중립화한다(미군 기지를 두지 않는다)는 조건과 미군의 일본 철수 시한을 설정한다는 조건으로 반환하겠다는 약속 등을 포함할 수 있다.

소련은 앞으로 남 지시마, 즉 에토로후 섬과 구나시리 섬의 반환까지 약속할지도 모른다. 그렇다면 하보마이와 시코탄 섬의 2도 반환을 요구하는 것만으로 일소 교섭의 타결을 막을 수 없다. 남 지시마의 반환까지 요구해야 하는 것은 아닌가. 미국은 교섭이 시작되기 전, 이런 생각이 점점 더 강하게 일었다.

런던 교섭이 시작되다

일소평화조약 교섭은 1955년 6월 3일부터 런던에서 시작되었다.

소련 측의 전권대사는 주영대사 말릭이었다. 교섭 과정에서 일본 측은 남 사할린·지시마 열도·하보마이·시코탄 모두 교섭 대상으로 삼는다고 선언했으며, 소련 측은 영토문제는 해결이 끝난 상태라고 맞서 정면으로 대립했다.

그러나 미일관계를 갈라놓을 쐐기를 박으려고 생각했던 흐루시초프Nikita S. Khrushchov 제1서기는 서둘러 하보마이와 시코탄을 인도하기로 결단했으며, 그 사실을 8월 4일과 5일에 말릭이 마쓰모토에게 전했다. 마쓰모토는 말릭의 말을 듣고 크게 기뻐하며 얼른 본국으로 전보를 보냈다.

2도 인도를 4도 반환 요구로 대치하다

8월 10일, 소련이 양보하기로 전보를 보냈다는 보고에 외무성은 경악했다. 시게미쓰는 이 소식을 완벽하게 감추라고 명하고, 12일에 예정되었던 성묘에 참석하려고 고향으로 출발했다. 유럽국 참사관 데라오카 고헤이寺岡浩平를 중심으로 한 외무성 내의 요시다 파는 이 사태를 깊이 우려했다. 그들은 당연히 요시다 전 수상 겸 외상에게 이 중대한 소식을 전했을 것이다. 그리하여 요시다는 덜레스, 또는 앨리슨에게 극비리에 연락했으리라 생각한다. 물론 미국은 독자적으로 이 정보를 입수했을지도 모른다. 두말할 것도 없이 미국 정상도 이 소식에 경악했다. 시볼드나 앨리슨이 두려워하던 대로 되었던 것이다.

그래서 2도 반환만으로는 일소 교섭 타결을 막을 수 없게 된 이상, 다음 조치로 쿠릴 열도의 일부, 즉 남 지시마의 반환 요구를 진행하도록 한다는 기존 방침이 제기되었으리라 생각한다. 하토야마가 소련 제안에 회답하여, 이로써 교섭을 타결하지 못하도록 전력을 다해 막아야 했다. 공개된 미국 국무성 자료 가운데 8월 중의 앨리슨 대사의 본국에 대한 보고는 단 한 건도 없다. 모두 감춰야 할 통신이라는 것이다.

8월 9일에 일본을 출발한 하토야마 측의 고노 이치로河野一郞 농림상이 13일에 런던에서 마쓰모토를 만났다. 고노는 소련의 2도 반환 제안을 들었다. 그곳에서 전화로 보고했다면 하토야마도 14일에는 알 수 있었을 것이다. 그러나 하토야마가 전화를 받은 흔적은 없다. 고노는 마쓰모토에게 "다 좋지만, 도쿄 사정이 상당히 복잡하다"고 하고, 자신이 건너가 시게미쓰 일행과 교섭할 테니 '그것이 끝날 때까지는' 교섭을 추진하지 말라고 했다(마쓰모토, 『모스크바에 걸린 무지개モスクワにかかる虹』). 고노의 태도는 느긋했다.

시게미쓰는 16일에 도쿄로 돌아와 17일에 앨리슨 대사를 만났다. 앨리슨이 시게미쓰에게 남 지시마 반환안에 대해 무언가 시사했을 가능성이 크다. 외무성 간부회의가 열려 소련의 제안에 대한 일본 방침이 결정된 것은, 앞뒤 상황을 추측해 볼 때 18일이라고 생각한다. 이때 2도뿐 아니라 4도의 반환을 요구하라, 남 사할린과 북 지시마의 귀속은 일본과 소련이 결정할 수 없다, 그러니 국제회의의 결정을 기다리자는 대항안이 결정되었다. 시게미쓰 외상은 어쩌면 좀 더 교섭하면 보다 많은 것을 획득할 수 있을 것 같아 끝까지 지켜볼 속셈이었겠지만, 외무성 내의 요시다파는 이 중으로 보험을 걸어놓으려는 속셈으로 소련이 받아들일 수 없는 두 가지 조건을 더 제시하여 교섭 타결을 막으려고 했다.

19일 오전에 각료회의가 열렸지만 시게미쓰는 새로운 방침에 대해 논의하지 않았다. 오후에 가루이자와軽井澤에 있는 하토야마를 방문하여 방미 문제와 일소 교섭에 대해 대화를 나누었으니, 이 자리에서 소련의 양보를 전하고 외무성의 새로운 제안을 보고했음이 틀림없다. 이 시점에서 외무성 내의 요시다파가 과감한 수법으로 나왔다. 외무성 회의에서 정한 새로운 방침을 『아사히신문』에 슬쩍 '흘려leak', 20일에 1면 톱기사로 보도하도록 했던 것이다. 소련이 2도를 인도하겠다고 양보한 것은 완전히 숨기고, 일본이 교섭을 촉진하기 위해 남 사할린과 전 지시마 반환 요구를 포기하고 4도 반환으로 요구를 낮췄다는 기사가 실렸다. 『아사히신문』은 이에 대해 '소련과 타협할 수 있는 적절한 해결안'이라고 해설했다. 실로 교묘한 여론조작이었다. 나는 이 상황을 1990년에 발간한 책(『북방영토 문제를 생각한다北方領土問題を考える』)에서 지적했고, 2010년에 이르러 『아사히신문』의 자사 보도 검증 기획에서 이 점에 대해 "아사히의 특종기사scoop는 국교 회복을 반대하는 파의 의도에 편승했을 가능성이 높다"는, 나의 지적이 정확하다고 인정했다(『신문과 '쇼와'新聞と「昭和」』, 2010년, 300쪽).

이 단계에 이르러서도 소련의 양보는 어디에도 보도되지 않았다. 시게미쓰는 23일 미국으로 건너갔다. 런던의 마쓰모토는 『아사히신문』의 기사를 보고 경악했다. 무언가 대항조치를 취해야 했다. 그는 친하게 지내는 『교도통신』 기자에게 소련의 2도 반환의 양보를 흘렸다. 일본은 그 사실을 『마이니치신문』이 25일자 1면 톱기사로 보도했다. 그날 다니 외무성 고문이 하토야마를 방문했다. 아마도 소련의 양보와 외무성의 새로운 방침을 자세하게 설명하고, 하토야마의 지지를 최종적으로 얻어냈을 것이다. 새로운 훈령은 8월 27일 런던에 전보로 보내졌다.

이상의 경과에 대한 나의 고찰은, 다분히 추측을 포함하고 있지만 상당히 사실에 가깝다고 생각한다. 외무성은 마쓰모토의 전보를 하토야마에게 알리지도 않았고, 2도 반환이라는 소련의 양보를 감추었으며, 2도 반환에 대항하는 4도 반환론이라는 새로운 방침을 결정해 신문에 흘려서 이미 사실로 굳어지게 했다.

워싱턴에서 시게미쓰 외상이 덜레스와 최초로 회담을 한 날은 8월 29일이다. 이미 소련의 2도 반환안이 신문에 보도된 뒤였다. 이날 회의에서 시게미쓰는 「일본과 소련의 교섭」이라는 제목의 문서를 덜레스에게 건네주었다. 당연히 소련의 2도 반환과 일본의 새로운 방침을 설명했을 것이다. 이 자료는 지금까지 공개되지 않고 있다. 덜레스는 "일본과 소련의 교섭은 오랜 시간이 걸릴 것처럼 보이지만, 일본이 교섭을 아주 능숙하게 해내고 있다고 생각한다"고 미국 측의 자료에 기록되어 있다. 얼마 동안이긴 해도 미국은 일본 외무성의 새로운 방침에 만족했던 것이다.

한편, 런던에서 새 방침을 받아든 마쓰모토 전권대사는 8월 30일 말릭에게 이 방침을 전했다. 이번에는 소련이 놀랄 차례였다. 말릭은 곧바로 일본 측 제안을 거절하고, 9월 6일에 하보마이와 시코탄의 반환에 비군사화라는 조건을 덧붙였다. 교섭은 교착 상태에 빠졌으며, 마쓰모토는 9월 15일에 귀국을 결정했다.

외무성의 팸플릿에는 이 런던 교섭의 경과는 완전히 은폐하고, "이 교섭으로 일본과 소련 양국 정부는 하보마이 군도와 시코탄 섬을 제외하고는 영토문제에 대해 의견이 일치할 전망이 보이지 않았다"라고만 쓰여 있다.

시게미쓰 전권대사의 모스크바 교섭

1955년 가을, 일본 정치에 결정적인 의미를 지닌 두 건의 정당 통합이 있었다. 먼저 사회당의 좌파와 우파가 10월에 통합했고, 이어서 11월에 민주당과 자유당이 통합해 자유민주당이 되었다. 새로이 탄생한 두 정당에서 자유민주당이 영구 집권당이 되고, 사회당이 만년 야당인 체제, 즉 '55년 체제'의 시작이었다. 11월 4일,

자유당과 민주당의 통합을 위한 긴급 정책에 4도 반환론이 포함되었다. 외무성 안은 마침내 자유민주당 안이 됨으로써 국론國論의 지위를 차지했다.

마쓰모토는 1956년 1월에 런던으로 돌아갔지만 당연히 교섭은 앞으로 더 나아가지 못했고, 결국 3월에 중단되었다. 교착상태에서 해결의 길을 마련한 것은 고노 농림상의 어업 교섭이었다. 1956년 4월 27일 모스크바로 간 고노는 소련 이시코프Aleksandr A. Ishkov 어업상과 교섭했고, 5월 14일 어업협정에 조인했다. 그러는 와중에도 고노는 불가닌Nikolai A. Bulganin 총리와 회담하여 일소 교섭 재개에 합의했다. 일본 측에서는 전권대사 선정에 난항을 겪었지만, 결국 시게미쓰 외상을 전권대사로 임명했다.

시게미쓰는 그 전까지 일소 교섭에 열의가 없는 것 같은 인상을 보였지만, 이번에는 자신이 전권대사가 되었으므로 대단한 결의를 가지고 모스크바로 출발했다. 그가 자신의 손으로 소련과의 평화조약을 매듭 짓겠다는 강한 의욕을 보인 것은 이해하지 못할 일도 아니다. 그는 1945년 9월 2일 미주리 호 함상에서 항복문서에 조인했으며, A급 전범으로 유죄판결을 받아 복역하기도 했다. 또한 주소련대사로, 1938년 장고봉張鼓峰 사건▶을 수습·교섭한 경

▶ 1938년 7월 29일부터 8월 11일까지, 만주국 동남단의 장고봉에서 발생한 소련과의 국경 분쟁. 실제로는 일본군과 소련군의 전투였다. 소련 측에서는 이 사건을 '하산Khasan 호湖 사건'이라 부른다.

험도 지녔다. 그때의 교섭을 마무리 짓는 순간, 그는 "대군大君께 대답해 올리는 심정으로 동쪽 하늘을 바라보며 절을 올렸다"고 읊었다. 이번에 그는 모스크바 숙소에 들어가 18년 전을 생각하면서 "모스크바에 뼈를 묻을 각오로 동쪽 하늘 저멀리 절을 올린다"고 일기에 적었다. 그에게 이 모스크바 교섭은 인생을 건 최후의 외교 교섭이었다(『속 시게미쓰 마모루 수기』).

7월 31일 제1차 회담에서 시게미쓰는 셰필로프Dmitri Shepilov 외상에게 4도 반환을 주장하면서 정면으로 부딪쳤다. 4도 반환을 소련이 인정하면 샌프란시스코 평화조약에서의 남 가라후토와 지시마 포기를 확인하는 것에 이의를 제기하지 않겠다고 말했다. 그러나 소련의 주장은 2도 인도에서 바뀌지 않았다. 8월 6일, 시게미쓰는 '고유영토'론으로 대항했다. 에토로후 섬과 구나시리 섬은 일본의 '고유영토'이므로, 카이로 선언의 영토비확대 원칙에서 볼 때, 포기한 지시마에 포함되지 않는다고 주장했던 것이다. 셰필로프는 이 주장도 받아들이지 않았다.

8월 10일, 시게미쓰는 흐루시초프와 불가닌과의 비공식회담에 참석하여 2도 반환이라는 소련안을 기본적으로 받아들이지만, 조문의 표현을 좀 더 연구하자고 제안했다. 11일 셰필로프와의 제3차 회담에서 시게미쓰는 소련이 제안한 영토 조항안의 제1항에는 간단히 2도의 인도만을 기재하고, 일본과 소련의 국경에 관한 제2항을 삭제할 것을 요구했다. 2도 반환, 그리고 나머지는 유보한다는 안이다. 당연히 소련이 거부했다. 그래서 시게미쓰는 그 대신 샌프란시스코 평화조약에서처럼 지시마와 남 가라후토 포기라는 문구를 넣자고 아슬아슬한 제2항안을 제시했다. 훗날 에토로후와 구나시리는 지시마가 아니라고 주장할 속셈이었다. 소련은 이 제안도 거부했다.

상황이 이렇게 되자 시게미쓰는 8월 12일, 마침내 소련안으로 평화조약을 체결하기로 결단했다. 전쟁에 패한 나라로서 눈물을 머금고 이 결과를 받아들여야 한다고 생각했던 것이다. 이는 엄청난 전환이었다. 일본에서는 런던 교섭 이후로 "이 조약의 효력이 발생하는 날에 일본국의 주권이 완전히 회복된 것으로 한다"는 영토 반환에 걸맞은 표현을 준비했지만, 이제는 소련에 양보하여 "일본국의 요망에 응하고, 또한 일본국의 이익을 고려하여 소 지시마 열도(하보마이 군도 및 시코탄 섬)를 일본국에 넘겨준다"는 표현을 받아들여야 했다. 소련 측은 2도의 인도 방법은 부속 의정서에 따르기로 하고, 그 문안도 준비했다. 이 의정서안을 보면, 제4조에 이 섬들의 인도는 '소련 측에 편입되어 있던' 섬을 인도하는 것이라는 소련의 의도가 확실하게 읽힌다(마쓰모토, 『모스크바에 걸린 무지개』, 193~200쪽). 비록 환상으로 끝난 평화조약안이지만 중요한 것은 바로 이 점이었다.

시게미쓰는 평화조약을 조인하기로 마음을 굳히자, 본국 정부로부터 훈령을 받지 않더라도 전권대사의 결단으로 조인해도 문제가 없다고 생각했다. 시게미쓰는 천황의 외교관으로서 자신이 전권을 위임받았다고 생각했을 것이다. 또한 자신만이 그와 같은 결단을 내릴 자격이 있다고 생각했는지도 모른다. 그러나 마쓰모토는 시게미쓰의 생각을 강력하게 반대하고, 본국에 훈령을 요청해야 한다고 주장했다. 결국 훈령을 요청했다. 시게미쓰는 12일자 일기에 다음과 같이 적었다.

> 전권단이 하나로 뜻을 정리하여 타결책을 내다. 신문기자도 마찬가지로 도쿄를 비난하다. 하토야마는 정말로 환자이다. …… 오후 2시까지 전권단 협의, 도쿄에 최후의 의견을 내다. ─ 『속 시게미쓰 마모루 수기』

협의를 끝내고 다음날 새벽 1시 반에 시게미쓰는 기자회견을 열어 다음과 같이 이야기했다.

> 이때 일소조약의 조건보다는 국가의 앞날과 대국大局을 그르치지 말아야 한다는 것이 판단의 요점이었다. 일본은 세계 정세에 뒤떨어지지 않도록 전진해야 한다. 이것이 내가 대국을 판단하는 밑바탕이다. 그러기 위해 참기 어려운 것을 참는 와신상담臥薪嘗膽의 마음으로 결의할 필요가 있다. 이것이 대국을 오판하지 않는 요점이라고 생각한다. 그러한 의미에서 강력하게 조국의 국민과 정부의 판단을 구하고, 지도자의 결의를 촉구하는 바이다.

이는 중대한 판단이었다. 일본 국가를 대표하여 항복문서에 조인하는 사람으로서 국민에 대한 충심에서 우러나오는 호소였을 것이다. 시게미쓰의 호소는 대체로 8월 15일 방송의 천황의 조서詔書와 같은 분위기였다. 이 기사는 각 신문사 13일자 석간에 실렸지만, 이미 때는 늦었다. 그보다 먼저, 일본 정부는 12일 오후 7시, 모스크바 시각으로 오후 1시에 각료회의와 당 간부 회의를 열고 소련안을 받아들이지 않기로 합의했다. 그리고 13일 오후 2시, 모스크바 시각으로는 오전 8시에 임시 각료회의를 열어 시게미쓰의 판단을 거부하기로 결정했다. 하토야마 정부는 자민당의 당론과 국론의 동향을 감안하여 소련안으로 평화조약을 조인하는 것을 허락하지 않았던 것이다. 패전 후 일본은 이 외교 교섭에서 부작위不作爲, 다시 말해 마땅히 해야 할 일을 하지 않는 치명적인 실수를 저질렀다.

그리하여 시게미쓰는 패배했다. 8월 14일 그의 일기에는 다음과 같이 쓰여 있다.

> 모스크바에 머물면서 뒤처리를 하다. 모두(신문기자 포함)에게 오찬을 베풀고 헤어지다. '남자라면男なら'을 합창하기도 했다.
>
> ——『속 시게미쓰 마모루 수기』, 796쪽

시게미쓰는 아마 억누르기 힘든 울분이 가득 찬 목소리로 '남자라면 해 봐'라고 노래 불렀을 것이다.

미국의 결정적 개입

교섭을 중단하고 런던으로 건너간 시게미쓰 외상이 덜레스 국무
장관과 만나 자신의 방침을 설명했다가 덜레스에게 맹렬하게 공
격 당한 이야기는 유명하다.

8월 19일 덜레스는, 일본이 쿠나시르와 이투루프 두 섬을 소
련령으로 인정하는 것은 샌프란시스코 평화조약 이상의 것을 소
련에 인정하는 것이며, 만약 그럴 경우 미국은 조약 제26조에 따
라 오키나와를 영구히 차지하는 입장에 설 것이라고 했다. 시게미
쓰는 강한 충격을 받았다. 시게미쓰는, 그렇다면 미국은 쿠릴과
류큐의 처분을 결정하는 국제회의를 개최할 주도권initiative을 줄
용의가 있는지 반격했다. 그리고 얼굴이 창백해져 숙소로 돌아간
시게미쓰는 덜레스의 위협을 마쓰모토에게 전했다. 덜레스의 위
협은 마쓰모토에게서 수행기자 『산케이신문』의 구보타 마사아키
에게 전해져, 23일자 『산케이신문』에 특종으로 보도되었다. 덜레
스의 이 으름장은 일본에서 미국에 대한 거센 반발을 일으켰다.

하토야마는 이미 아데나워Adenauer 방식▶으로 영토문제를 잠
시 유보하고 먼저 국교 수립을 이루기 위해 스스로 소련을 방문하
기로 결심했다. 그러자 자민당 안에서는 요시다파를 중심으로 격

럴한 반대 움직임이 일어났다. 미국은 덜레스의 위협적 인상을 누그러뜨림과 동시에 미국이 교섭 결렬의 책임을 지지 않도록 각별히 주의하며, 일본이 4도 반환에서 후퇴하지 않도록 압력을 가하면서 교섭 결렬을 노렸다. 미 국무성 역사부 정책연구반의 검토에서, 샌프란시스코 평화조약에서 포기한 쿠릴 열도에 쿠나시르와 이투루프는 포함되지 않는다는 일본 정부의 주장은 이루어질 수 없다는 결론을 내렸다. 그러므로 9월 7일 일본 정부에 건넨 각서는 고심하여 작성한 글이었다.

"미국은 역사에 나타난 사실을 주의 깊게 검토한 결과, 이투루프와 쿠나시르 두 섬은 (홋카이도의 일부인 하보마이 군도 및 시코탄 섬과 함께) 언제나 'Japan proper'의 일부를 구성해 왔으며, 그리고 정당하게 일본국의 주권하에 있음을 인정해야 한다는 결론에 도달했다"고 했다. 에토로후와 구나시리 섬은 쿠릴 열도의 일부가 아니라는 표현은 없었다. 이 'Japan proper'를 일본 외무성이 '고유의 일본 영토'라고 왜곡 번역했음은 이미 제1장에서 지적했다. 고심하여 작성한 문장을 고심하여 왜곡 번역하여, 일본 국민에게 4도 반환 요구에 근거가 있다고 믿게 한 문장이 되었다.

미국의 각서는, 아데나워 방식으로 국교 수립을 결심했던 하

▶ 영토문제는 후세에 유보하고, 국교 회복의 실익을 우선하는 정책. 제2차 세계대전 후 독일의 초대 수상 아데나워Konrad Adenauer가 프랑스와의 관계에서 취했던 정책이었던 까닭에 이와 같이 부른다.

토야마 수상과 고노 농림상에게는 성가시기 짝이 없는 개입이었다. 오히려 기뻐한 사람은 요시다 시게루였다. 그는 9월 11일 『산케이신문』에 "무경험에 병약한 수상, 무슨 가능성이 있다고 스스로 나서서 소련을 방문하여 공산주의의 화(赤禍)를 불러올 폭거를 시도하려 하는가" 하고 하토야마의 움직임을 견제했다. 요시다는 이미 샌프란시스코 강화회의에서 했던 자신의 말을 수정했다. 그가 생각하는 국익과 미일동맹 강화를 위해서라면 어떻하든 일소 국교 수립을 막을 속셈이었다. 9월 20일 자민당 총무회의에서 하보마이와 시코탄의 즉시 반환, 에토로후와 구나시리는 계속 교섭한다는 선에서 평화조약을 맺는다는 새로운 결의안을 채택했다. 이는 분명히, 영토문제를 잠시 유보하고 국교 수립을 이루려는 하토야마의 소련 방문을 방해하는 움직임이었다.

앞서 출발한 마쓰모토는 9월 25일 모스크바에 도착하여, 평화조약 없이 국교를 수립한 후에 영토문제를 포함하여 평화조약 교섭을 하겠다는 내용의 문서를 교환하기로 합의하고, 9월 29일 그로미코 제1차관과 문서를 교환했다. 이것이 마쓰모토·그로미코 교환문서이다. 그러나 자민당의 새로운 결의안에서 보면, 이미 이 합의는 의미가 없었다.

하토야마의 소련 방문과 일소공동선언

하토야마는 자민당의 의결을 얻지 못하고 각료회의 결정만으로 사회당의 지지를 얻어 소련을 방문했다. 모스크바에 도착한 뒤 자민당의 새로운 결의안을 염두에 둔 하토야마는 고노 농림상을 통해 2도 반환을 포함하여 그밖의 영토문제는 계속 심의한다는 점을 선언에 제의하도록 했다.

고노는 처음에 이시코프 어업상과 회견하고 일본 측의 생각을 소련 지도부에 전해줄 것을 요구했다. 두 번째로 회담할 때 고노가 다음과 같이 말했다고 소련 측에 기록되어 있다.

미국이 일본에 오키나와 오가사와라 열도를 반환하지 않는 한, 우리는 앞으로 에토로후 섬과 구나시리 섬의 문제를 꺼내지 않겠다. …… 그러므로 협정서에 그밖의 영토문제에 대해 앞으로의 검토과제라고 규정했더라도 이는 국민에게 보여 주기 위한 단순한 형식일 뿐이다. ─ 「포사이트 Foresight」, 1993년 8월호

10월 16일, 고노는 흐루시초프와 회담했다. 고노가 하보마이와 시코탄 문제를 설명하자 흐루시초프는 다음과 같은 강경한 태도를 보였다.

일본은 평화조약에 없는 하보마이와 시코탄을 받아내고, 실제로 존재하지 않고 우리가 모르는 별도의 영토문제를 나중에 해결하고 싶어 한다. 소련 정부는 일본과 되도록 빨리 조약 맺기를 바라지만, 영토문제를 거래에 이용하지는 않는다. 그러나 나는 지금 한 번 더 명확하게 하고, 딱 잘라 표명하려 한다. 하보마이와 시코탄 이외의 일본 측의 영토 요구를 우리는 전혀 받아들이지 않을 것이고, 이러한 면에서는 그 어떤 제안도 논의하지 않겠다.

흐루시초프는 2도 인도를 협정에 담아도 좋지만 그 인도는 평화조약이 맺어진 뒤에 실행한다는 조건과, '오키나와와 그밖의 미국에 빼앗긴 옛날부터의iskonnye 영토'를 인도한 뒤에라는 조건이 필요하다고 했다. 당혹한 고노는 2도의 인도 조건에 덧붙인 미국의 오키나와와 오가사와라의 반환은 삭제하자고 요청했다(Istochnik, 1996, No.5).

10월 18일, 고노가 다시금 오키나와 운운하는 규정을 삭제해 달라고 요구하자 흐루시초프는 일본 측의 요구를 받아들이겠다고 대답하면서, 거꾸로 다음의 요구를 제시했다.

우리에게는 오로지 문장과 관련한 의견이 있다. 일본안의 제1단락에서 '영토문제를 포함한다'는 표현을 삭제해 주기 바란다. 우리가 제안하는 의미는, 만일 앞의 표현을 남겨 두면 일본과 소련 사이에 하보마이와 시코탄 이외에도 여전히 어떤 영토문제가 존재한다고 생각되기 때문이다. 이는 우리가 조인하는 문서를 곡해하고 올바르지 못한 이해로 이끌고 갈지도 모른다.

모스크바에서 있었던 하토야마와 고노의 교섭 기록을 러시아는 1996년에 공표했지만, 일본 외무성은 일본의 기록을 지금까지 감추고 있다. 일본에서 볼 수 있는 기록은 통역관이었던 노구치 요시오野口芳雄의 메모(『정치기자 OB회보政治記者OB會報』, 90호)뿐이다.

이때 고노의 반응에 대해, 지금까지는 마쓰모토의 기록에서 "그 자구字句는 매우 중요하여, 그 자구를 삭제하는 것은 이곳 출장지에서 할 수 없다는 취지를 이야기했다"고 설명하고 있지만(마쓰모토, 『모스크바에 걸린 무지개』) 러시아 측의 기록에 따르면, 이때 고노는 "소련 측의 수정은 우리 안案의 내용을 바꾸는 것이 아니라는 점에서 의견이 같다"고 하고, 반대 이유는 이미 그 문서로 도쿄의 승인을 받았으므로 수속을 다시 한다면 내일 조인에 시간을 맞출 수 없다고 거론한 것 같다. 노구치 메모에는 고노가 앞서 발언한 내용이 없다. 소련 측 기록에서 흐루시초프는 거듭 다음과 같이 이야기했다.

거듭 말하지만, 이 몇 단어를 삭제해 달라고 요구하는 것은 본 협정을 해석할 때에 장차 분쟁이 일어날 여지를 없애기 위함이다. 왜냐하면 우리는 1년 유효의 문서를 체결하는 것이 아니기 때문이다. 아마도 이 문서는 10년 또는 100년 동안 유효하게 될 것이다. 그러므로 어떠한 부분도 해석이 잘못 되지 않도록 문서의 초안을 잡을 필요가 있다.

노구치 메모에는 위와 같은 흐루시초프의 말이 좀 애매하다.

두 가지 의미가 없도록 해 두어야 한다. 일소관계는 하루뿐 아니라 오랜 세월, 세기에 걸쳐 다루는 것이 취지이므로 훗날 억지꾼들의 손에 당하지 않도록 해 두어야 한다.

이 문장을 보면 사뭇 인상이 다르다. 그러나 흐루시초프의 진짜 의도를 일본 측은 충분히 알고 있었다.

고노는 흐루시초프의 논의에 눌려, 수상에게 상담한다고 하고 일단 회담을 끝냈다. 고노가 마쓰모토에게 이 대화를 정확하게 전달했는지 어땠는지는 의심스럽지만, 두 사람은 마쓰모토·그로미코 교환문서를 공표하기로 했으며, '영토문제를 포함한다'는 구절 삭제에 응하기로 하고 하토야마 수상의 승인을 얻은 것은 이미 알려진 사실이다.

1956년 10월 19일, 일소공동선언이 하토야마 수상과 불가닌 총리 사이에 조인되었고, 일본과 소련은 국교를 수립했다. 공동선언의 제9항에서 영토문제에 대해 다음과 같이 언급했다.

> 일본국 및 소비에트사회주의공화국연방은 양국 간에 정상적인 외교
> 관계가 회복된 후, 평화조약의 체결에 관한 교섭을 계속하는 것에 동
> 의한다. 소비에트사회주의공화국연방은 일본국의 요망에 응하고,
> 또한 일본국의 이익을 고려하여 하보마이 군도 및 시코탄 섬을 일본
> 국에 인도하는 것에 동의한다. 다만 이 섬들은 일본국과 소비에트사
> 회주의공화국연방 사이에 평화조약이 체결된 후에 실제로 인도하는
> 것으로 한다.

이 조문 후반부의 표현은 환상으로 끝난 일소평화조약의 소련안
을 복사한 것이다. 소련이 두 섬을 '인도'하는 것이지, '반환'한다고
는 표기하지 않았다. 이 말에 담긴 의미는, 소련이 소유하고 있는
것을 일본에 인도하고 증여한다는 것이다. 그렇게 하는 이유를 특
별히 설명해 놓았다. 따라서 단순히 중립적이고 기계적인 '인도'가
아니다. 샌프란시스코 강화회의에서 일본은 하보마이와 시코탄
섬은 포기하지 않는다고 표명했으므로, 본래대로라면 이 두 섬에
대한 일본의 주권을 회복한다는 표현을 넣으라고 고집하는 것이
더 논리적이었다.

그러나 이때의 일본은 그러한 부분을 고집하는 것이 불가능
했다. 결국 이 표현을 받아들임으로써 사실상 소련이 그밖의 옛 일

본령의 영유를 일본이 인정했다고, 소련은 그렇게 이해했다.

소련의 영유를 인정한 '인도'

『아사히신문』 사가 정보공개법에 따라 열람한 외무성 작성의 「일소공동선언과 관련한 예상 질문과 대답」에 따르면, "'양도'라는 표현을 사용하면 한 나라가 영토 주권을 보유한 지역을 할양한다는 의미가 포함되지만, '인도'라는 표현은 단순히 물리적인 점유를 넘겨받는 것에 지나지 않을 뿐, 영토 주권의 소재와는 관계없다"고 되어 있다. 과연 그럴까?

2010년 11월 14일, 일본과 한국 사이에 도서圖書에 대한 협정이 체결되었다. 한국은 궁내청에 있는 『조선왕조의궤』 등의 '반환'을 요구했다. 일제 강점기에 부당하게 빼앗긴 것이라는 의미에서였다. 이에 대해 일본 정부는, 1965년 한일조약으로 모든 법적 문제가 해결되었다고 본다, 따라서 일본이 소유한 도서를 "양국 및 양 국민의 우호관계 발전에 도움이 되기 위한 특별조치로서 '인도' 한다"는 입장을 취하고, 한국 정부가 그래도 개의치 않고 받겠다고 하여 도서 '인도' 협정이 맺어졌던 것이다.

'인도'라는 말은 자신이 소유한 것을 상대에게 넘기는 것으로, 소유권의 이전을 뜻한다. 1956년 일소공동선언의 문구는, 소련의 영유를 바야흐로 현실로 인정하는 것을 의미한다.

하토야마 수상 일행이 귀국한 것은 11월 1일이었다. 하토야마 수상이 각료회의에서 보고하자, 시게미쓰는 그의 일기에 그 경과에 대해 "평화조약 교섭의 영토 조항은 사실상 하보마이와 시코탄의 반환에만 그치게 되었다"고 기록했다(『속 시게미쓰 마모루 수기』, 11월 1일). 하토야마 수상이 비준국회에 나가 국교 수립 후에도 영토문제 교섭은 가능하다고 설명하자 거센 비판이 쏟아졌다. 11월 27일 중의원 본회의에서 찬성 365, 반대 없이 비준안건이 가결되었지만, 71명이 결석하여 반대의사를 표시하는 것으로 끝났다. 결석자 가운데 이케다 하야토, 다나카 가쿠에이 田中角榮, 오히라 마사요시 大平正芳, 스즈키 요시유키 鈴木善幸, 사토 에이사쿠 佐藤榮作 등, 훗날 수상에 오른 다섯 명의 이름이 보인다.

그리하여 미국이 맹렬하게 개입한 가운데, 일본은 간신히 소련과의 국교를 정상화하게 되었다.

북방영토 반환론의 완성과 미국

일소공동선언이 체결되자, 소련 정부는 1957년 하보마이 군도와 시코탄 섬의 기업 폐쇄와 주민 이주작업에 착수했다.

2011년 2월 13일에 방송된 NHK 스페셜 '북방영토 해결의 길은 있는가 北方領土解決の道はあるのか'에 따르면, 하보마이 군도에서 가장 큰 섬인 젤요니 섬(Zelyonyi, 일본명 시보쓰志發島)의 통조림공장 폐

쇄와 섬 주민의 이주와 함께, 1957년 6월 1일자로 젤요니 촌의 소비에트를 해산한다는 유즈노쿠릴스크(Yuzhno-Kurilsk, 일본명 후루카맛푸古釜布) 지구 소비에트의 결정이 나온다. 이어서 10월 15일, 시코탄 섬의 기업 폐쇄와 전 주민의 이주와 함께 마로쿠릴스코예(Malokurilskoye, 일본명 샤코탄斜古丹) 촌 소비에트를 해산한다는 결정이 사할린 주 소비에트에서 나왔다. 이 결정들이 실행되어 젤요니 섬과 시코탄 섬에서 주민들이 사라졌다. 흐루시초프는 일소공동선언에 따라 평화조약 체결을 위한 준비를 서둘렀다.

하지만 1957년, 수상이 된 기시 노부스케는 5월 참의원에서 남 지시마를 반환하지 않는 한 평화조약을 맺지 않겠다고 밝혔다. 같은 달, 미 국무성은 3년 전 1954년 11월 7일에 하보마이 상공에서 발생한 소련 전투기의 미군기 격추 사건의 배상을 소련에 청구하는 서한을 보내고, 그 안에 얄타 협정과 샌프란시스코 평화조약에서의 '쿠릴 열도'라는 문구에 구나시리 섬과 에토로후 섬을 포함하지 않으며, 포함하려는 의도조차 하지 않았다고 밝혔다. 이는 미국이 일본과 소련 사이에 쐐기를 박으려는 의도라 할 수 있다.

기시는 미일안보조약의 개정을 추진하여 1960년 1월, 새 조약에 조인했다. 조약의 비준을 둘러싸고 1960년 안보투쟁이 일어났다. 미국 대통령의 방일 선발대로 하거티James C. Hagerty 보도관이 왔지만, 일본 시위대가 포위하여 결국 헬리콥터로 구출되는 소동이 일어났다. 마침내 학생들이 국회로 세찬 기세로 뛰어들었고

이에 여학생이 목숨을 잃자 전국민적인 분노가 휘몰아쳤다. 아이젠하워Dwight D. Eisenhower 미국 대통령은 일본 방문을 단념했으며, 기시 노부스케 수상은 비준안건의 자연성립自然成立 후에 내각이 총사퇴하기로 결정했다. 그야말로 정치적인 위기였다. 기시 다음에 수상이 된 이케다 하야토는 미일관계의 동요를 심각하게 받아들였다. 그는 소득 증가와 고도경제성장 노선을 취함과 동시에 북방영토 문제로 소련과의 논쟁을 일으켰다.

소련 정부는 1960년 1월 27일 그로미코 서한에서, 신 안보조약의 조인을 묵과할 수 없다고 하면서 '하보마이 및 시코탄 제도를 일본에 인도한다는 소련 정부의 약속을 실현하지 못하게 방해하는 새로운 사태'가 벌어졌다고 지적했다. 그리고 흐루시초프는 빈 섬이 되어 버린 하보마이 군도는 그대로 놔두고, 시코탄 섬으로 다시 주민을 보내 공장을 재건하기에 이르렀다. 소련 어업성에 근무하던 사토 히로시佐藤宏는 1960년 봄 시코탄 섬을 방문하여, 작년에는 볼 수 없었던 꽁치 가공공장이 세워지고 이와 함께 주민들이 되돌아오는 모습을 확인했다(『홋카이도신문』, 1993년 3월 2일).

2월 5일에 기시 내각이 그로미코 서한에 대해 반론을 제기했다. 그 반론에서 "우리나라는 하보마이 군도와 시코탄 섬뿐 아니라 다른 일본 고유영토의 반환을 끝까지 주장한다"라고 했다. 기시 수상이 퇴진한 뒤 정권을 잡은 이케다 수상이 그 논쟁을 대대적으로 이어나갔다. 이케다 수상은 1961년, 이른바 '이케다 수상의 지리상의 대발견'으로 에토로후 섬과 구나시리 섬은 지시마 열도에 포함되지 않는다는 궤변을 최종 완성했다. 그리하여 일본의 '고유영토'인 4도를 반환하라는 북방영토 반환론을 제기했다. 소련에서는 이미 해결된 문제라면서 2도 인도의 약속도 부정했다. 일소공동선언은 일본에서도, 소련에서도 잊히게 되었다.

이 상태가 25년이나 계속되었다. 해결할 수 없는 북방영토 문제를 제기하여 일소관계를 긴장으로 몰아가고, 느슨해진 미일관계를 강화하려는 이케다 수상과 미국의 노림수는 아주 훌륭하게 성공을 거두었다. 냉전시대에 북방영토 문제를 해결할 수는 없었지만 그래도 여전히 의미 있는 문제였다. 냉전시대에는 미일관계를 유지하는 것이 무엇보다도 중요했다. 그러기 위해서는 궤변도 도움이 되었다.

진실로 일소 교섭은 냉전 상황에서 일본을 둘러싼 격렬한 싸움이었으며 드라마였다고 생각한다. 그리고 그 씁쓸한 교섭 역사의 진실은 잊힐 운명에 처해 있다. 〈훈령 제16호〉를 포함하여 이 교섭에 관련한 문서는 거의 아무것도 공개되지 않았다. 각 신문사나 TV 방송국은 정보공개법을 들먹이며 문서 공개를 요구했지만 정부에서 제출한 문서는 중요한 문서가 아닐뿐더러 먹물만 잔뜩 묻힌 종이에 지나지 않았다. 시게미쓰 아키라가 작성한 일소 교섭사의 자료집은 대체 어디로 사라졌을까?

제6장

놓쳐 버린 최대의 기회

페레스트로이카의 도래

1980년대 말 소련에서는 고령의 공산당 서기장 3명이 잇따라 병사한 후, 1985년 3월 54세의 고르바초프Mikhail Gorbachëv가 서기장에 취임했다. 그는 '미스터 니엣트(미스터 NO)'로 알려진 고령의 그로미코 외상을 교체하고, 그 후임으로 앞날을 함께하기로 맹세한 친구 셰바르드나제Eduard A. Shevardnadze를 임명했다. '신사고新思考' 외교▶가 시작되는 순간이었다. 새 외상은 1986년 1월, 일찌감치

▶ 소련의 고르바초프 시대, 냉전을 종결한 신 외교정책을 가리킨다. 1985년에 공산당 서기장이 된 고르바초프는 그때까지의 이데올로기적이고 냉전적인 사고를 전환하여, 안전보장을 정치적 수단으로 추진하되 경제외교를 전개하면서 국제사회와의 협조를 도모했다.

일본을 방문했다. 일본에는 나카소네 야스히로中曾根康弘 수상, 아베 신타로安部晋太郎 외상이 포진하고 있었다. 아베 외상은 5월에 일본 수상의 친서를 가지고 소련을 방문해, 고르바초프 서기장의 일본 방문을 요청하는 나카소네 수상의 뜻을 전했다. 국교 회복 30주년에서야 비로소 일소문화교류협정이 조인되었다. 냉전의 빙하가 녹아내리고, 새로운 평화적 관계로 전진하려는 기대가 싹틀 무렵이었다.

나는 1956년 일소공동선언이 발표되던 해 대학에 입학하여 러시아 근현대사의 전문가가 되었지만 일소관계와 영토문제를 연구하지는 않았다. 그러나 1980년대 중반 무렵부터 그동안 이 문제에 관심을 가지고 생각한 것을 정리해 1986년 말 「'북방영토' 문제에 대한 고찰」(『세계』 1986년 12월호)이라는 논문을 발표했다. 그때는 아직 시대의 변화를 피부로 느낄 수 없었다. 그러나 되돌아보면 그 작업이 나 나름대로 시대의 변화를 예측한 모색안이 되었다고 자부한다.

나는 이 논문에서 다음과 같이 주장했다.

일본의 '북방영토' 요구는 '일본과 러시아가 최초로 국교를 수립했을 때, 쌍방이 무리가 없다고 받아들여 획정한 경계로 돌아가기를 추구하는 것'이며, 국민은 당연한 요구라고 의식했다. 하지만 소련 측은 전쟁으로 빚어진 기존의 사실을 고집했다. 따라서 일본도 샌프란시스코 평화조약에서 쿠릴 열도를 포기했고 소련은 일소공동선언에서 2도 반환을 약속했으므로, 이 두 가지 전제에서 출발하여 일본은 2도 반환을 받아들여야 한다. 이에 대해 소련은 양보로 화답하고, 전 4도에 대해 비군사화, 자원보호, 공동개발, 자유왕래라는 4원칙을 세워 일본과 소련의 '협력경영'을 실현하는 것으로 해결의 길을 열어야 한다. 이를 2도 반환, 4도 공동경영안이라 부를 수 있다.

나는 다음과 같이 결론지었다.

국가와 국경도 상대화가 되는 것이 역사의 추세이다. …… 그 안에 존재하는 국가의 벽을 여러 가지 이치를 깊이 생각하여 넘어서면서 국민들의 협력을 이끌어내는 것이 바람직하다. 소유권은 양보하면서 그 활용에 참가하겠다는 생각은 이 인류사적 요청에 응답하는 것이며, 세계라는 틀에서 살아가는 일본에 적합한 방식이다.

고르바초프가 혁명으로서의 페레스트로이카를 추진하겠다고 선언한 후로 빠르게 변하는 소련의 내부에서 사르키소프K.O. Sarkisov나 쿠나드제Georgy Kunadze 등의 학자들이 새로운 의견을 내놓았다. 일본과 소련 정부는 1988년 12월, 셰바르드나제·우노 소스케宇野宗佑 외상회담에서 평화조약 교섭을 위한 일본과 소련의 작업그룹을 구성하는 데 합의하고, 1989년 3월 도쿄에서 제1차 회합을 가졌다. 그 자리에서 구리야마 다카카즈栗山尙一 외무성 심의관과 로가체프Igor Rogachev 외무차관이 서로 주장을 펼쳤지만, 두 주장은 완전히 평행선을 달렸다. 로가체프의 주장은 논리적으로 '주도면밀하게 준비한 논의'로 구축되어 있어 일본 측을 놀라게 했다(하세가와, 『북방영토 문제와 러일관계』). 회담 후 기자회견에서 로가체프는 센카쿠 방식, 즉 유보로 할 가능성에 대해 언급했다.

4월 30일 우노 외상이 소련을 방문했으며, 때맞춰 제2차 작업 그룹의 회의도 이루어졌다. 외상회담에서 우노 외상은 도고 가즈히코東鄕和彥 소련 과장이 제안한 '확대균형론'에 기초하여 영토문제를 해결한 후 평화조약의 체결과 신뢰관계의 구축, 예를 들어 성묘 실시, 안정적인 어업 질서 형성, 실무적인 관계 추진, 중요한 인적 교류, 수뇌의 상호 방문, 즉 고르바초프의 일본 방문 등을 동시에 추진해 간다는 생각을 전달했다. 그러나 영토문제에 대한 우노 외상의 주장은, "러일통호조약과 가라후토·지시마 교환조약 모두를 보더라도 북방 4도가 우리나라 고유영토임은 명확하다. 1945년 북방 4도 점거에 이르기까지 소련의 행위에는, 당시 유효했던 일소중립조약을 무시한 대일 참전, 우리나라가 포츠담 선언을 수락했음에도 '영토비확대원칙'을 거스르는 지시마 열도 점령 등, 우리 국민에게 크고 작은 불신감을 안겨 준 행동이 많이 포함되어 있다"라는 내용으로 구태의연했다.

구리야마 심의관이 『외교포럼』 1989년 4월호에 기고한 논문을 보면, 작업 그룹에서 일본 측이 전개한 논의가 매우 경직되었음을 쉽게 상상할 수 있다.

> 일본은 패전 결과, 샌프란시스코 평화조약에 따라 연합국이 제시한 영토 처분을 받아들였다. 그러나 소련의 북방영토 점거는 이와 같은 국제법에 따라 적법하게 이루어진 전후 처리의 결과가 아니라, 무력을 사용하여 강행한 일방적인 영토확장이라는 것밖에, 그 무엇도 아니다. 일본은, 국제적으로 정당하지 않은 소련의 이러한 행위를 용인할 수 없다. 그러므로 4도 반환이 실현되지 않는 한, …… 소련과의 평화조약을 체결할 생각이 없다.

로가체프 차관은 4월 24일 『이즈베스티야*Izvestiya*』지에 구리야마 심의관의 글에 대한 반론으로 「근거 없는 주장」을 발표했다. 그는, 얄타 협정은 '일본의 전후 영토 주권의 경계에 관한 가장 중요한 권리를 부여한 문서'라고 강조하고, 이에 따르는 것이 '관계자의 구체적 의무'라고 했다. 그리고 쿠릴 열도의 정의 문제에 대해 니시무라 조약국장의 국회 답변을 인용하여, 일본 정부도 "이투루프, 쿠나시르와 소小 쿠릴 열도는 샌프란시스코 평화조약에서 포기한 '쿠릴 열도'의 개념에 포함된다는 사실을 인정했다"고 주장했다. 하보마이 군도까지 지시마에 포함된다는 표현은 지나치지만, 쿠릴 열도의 정의 문제에서 일본의 궤변을 지적한 셈이었다.

일본은 영토문제의 해결을 힘들게 했던 냉전시대의 논리를 다시 떠올리면서, 해결 가능한 포스트post 냉전의 논리를 만들려고 하지 않았다. 이렇게 되면 아무리 토론과 교섭을 거듭하더라도 해결의 길로 나아갈 수 없다. 기대했던 고르바초프의 일본 방문이 늦어져 1991년 4월에야 이루어졌을 때에는 이미 고르바초프는 힘을 잃어 1956년 선언의 약속을 확인할 수 없었고, 겨우 무비자 교류를 시작하는 것으로 매듭 지었다.

소련 붕괴 후에 찾아온 기회

고르바초프가 귀국하고 4개월이 지나자, 연방체제를 유지하려는 보수파가 쿠데타를 일으켜 고르바초프를 유폐했다. 이에 대해 옐친Boris N. Yeltsin의 러시아 공화국 정부가 의연히 맞서서 쿠데타를 패배로 몰아넣고, 그 기세로 12월에 소련을 무너뜨렸다. 러시아의 혁명이었다. 소련 공산당과 소련 정부의 붕괴에 일본의 일부 사람들은 북방영토를 돌려받을 기회가 왔다며 의욕이 흘러넘쳤다. 옐친의 대담한 개혁노선에 일본 국민의 기대도 높아졌다.

실제로 신생 러시아 정부에서 과감하게 제안해 왔다. 1992년 3월, 코지레프Andrei V. Kozyrev 외상의 방일을 앞두고, '2도 반환+2도 교섭'의 약속이라는 비밀 제안이 전달되었다고 한다. 그러나 일본 정부는 그 제안을 진지하게 검토하지 않았다. 소련이 붕괴한 지금,

4도를 단번에 되돌려 받기 위한 기회가 왔다고 생각했기 때문일 것이다.

미야자와宮澤 내각의 외상은 와타나베 미치오渡邊美智雄였다. 이미 5월로 예정된 외상의 러시아 방문과 때맞춰 러일 양 정부에서 공동 제작한 영토문제 자료집이 모스크바와 도쿄에서 동시에 발간되었다. 똑같은 내용을 일본어와 러시아어로 인쇄한 것이다. 이 자료집에, 오류가 있는 일본어 번역과 정본에 충실한 러시아어 번역이 서로 달랐던 1855년 조약과 1875년 조약이, 아무런 언급도 없이 실린 것은 놀라운 일이었다. 그러나 이 자료집에는 대체로 중요한 문서가 망라되어 그나마 의의가 있다고 할 수 있다.

이어서 일본 외무성의 효도 나가오兵藤長雄 구아국장이 제작한 러시아어 팸플릿『일본의 북방영토』가 발간되었다(〈그림 3〉 참조). 그라비어gravure 인쇄로 초판 6만 부를 발행한 16쪽의 이 팸플릿은 상당히 위압적인 태도로 일관되어 있다. '발행사'에는 다음과 같이 쓰여 있다.

우리는 당신들 러시아인이 법과 정의에서 출발하여 이 팸플릿에 실려 있는 사실을 바탕으로 문제를 깊이 생각하면, 올바른 판단을 내려 우리가 '북방영토'라고 부르는 이투루프·쿠나시르·시코탄 섬과 하보마이 열도를 일본에 반환하는 것이 정당하다는 결론에 도달하리라 확신한다.

이 문장에는 자신의 입장이 절대적으로 올바르고, 상대의 입장은 완전히 틀렸다는 독선이 도드라져 보인다. 본문에서는, 소련이 "중립조약을 깨고 이미 의심의 여지 없이 패배로 치닫는 일본에 선전포고를 했다"고 하면서 소련이 부당하게 전쟁을 시작해 부당하게 일본 영토를 점령하고 병합했다고 일방적으로 비난한다.

확실히 법과 정의의 관점에서 보면, 우리는 앞에서 말한 간부회령 〔1946년 2월 2일자〕이 불법이며, 이 점을 해명하는 것이 제1차적으로 중요하다고 생각한다. 우리는 러시아 시민이 스탈린의 이런 행위에 공정한 평가를 내리리라 기대한다. 소련의 이와 같은 불법적인 행위는 국제사회에서 인정받지 못하며, 그와 같은 일방적인 행위에 따른 타국 영토의 획득은 법률적으로 허락되지 않는다.

이 팸플릿의 사상은, 그 뒤에 이어지는 다음의 말에 가장 명료하게 표현되어 있다.

전체주의 체제에서 이 영토 획득의 행위를 합법적인 것처럼 설명하고, 여러 해 동안 이투루프·쿠나시르·시코탄 섬과 하보마이 군도가 소련령이 되었다고 선전해 왔다. 그 결과, 많은 시민들에게 이 섬들이 소련 영토라는 잘못된 생각이 생겨났다.

소련은 전체주의 국가이며 타국의 침략을 합법화하는 흑색선전을 벌여 왔다. "러시아 혁명을 해낸 시민들이여! 스탈린의 범죄, 전체주의의 악을 영원히 끊겠다는 그 뜻을 4도 반환으로 증명해 주기 바란다"는 것이다. 소련 전체주의론을 바탕으로 한 이 설득은, 체제가 바뀌어도 좀처럼 변하지 않는 내셔널리즘의 감정이 이웃 나라 국민에게도 있음을 이해하지 못한 관념론이었다.

소련의 입장을 이처럼 일방적으로 비난하면서 팸플릿의 서두 부분에서 이미 설명한 바와 같이 이투루프 섬과 쿠나시르 섬은 쿠릴 열도에 포함되지 않는다는 궤변을 누누이 펼치고 있다. 이 팸플릿이 러시아인의 반발을 불러일으킨 것은 당연했다.

러시아를 방문한 와타나베 외상은 옐친 대통령에게 4도 반환을 강력하게 요청했지만, 대통령이 그 요구에 응할 리 없었다. 러시아 의회에서도 영토문제를 채택하여 논의하기 시작했다. 7월 28일에 열린 최고회의의 영토문제 공청회에서, 헌법위원회 사무총장 루만체프Rumyantsev가 제출한 장문의 보고서가 관심을 끌었다. 루만체프는 문제해결의 변수로 4도 러시아령이라는 '보수保守'안, 4도 반환이라는 '친일親日'안, 2도 반환·2도 공동주권이라는 '신사고'안, 2도 공동주권·2도 러시아령으로 하는 '수용 가능한 타협'안 등 네 가지와, 옐친이 과거에 제안한 5단계 해결안을 들었다. 결론적으로 그의 주장은, 이 문제는 '전 국민적 합의를 기초로 하여' 해결해야 할 '국가적 문제'이며, 현재의 위험한 정치상황에서는 평화조약을 맺지 않는다. 러시아의 4도 영유권은 '불완전하지'만, 일본은 하보마이 이외에는 권리가 없다. 역사적으로 보면 4도는 러시아 영토라고 해도 좋으니 성급하게 해결하면 러시아에 손실을 가져온다. 국가적 관심national interest에서 출발해야 한다는 것이었다. 그는 대통령의 일본 방문 연기를 제안했다.

결국 옐친 대통령은 9월에 예정된 일본 방문을 바로 직전에 취소하기에 이르렀다.

일본 정부의 새로운 움직임

이듬해 1993년 여름, 의회에 전차 포격을 가해 저항세력을 무력화한 옐친이 10월에 일본을 방문했다. 이때 합의하여 발표한 것이 도쿄 선언이다. '역사적·법률적 사실에 입각하여 양국이 합의하고 작성한 여러 문서 및 법과 정의의 원칙을 바탕으로' 교섭하며, 4도 귀속 문제를 해결하자고 강조했지만, 일본의 주장으로 다가서는 접근은 아무것도 없었다. 단지 4도 교섭만 인정받았을 뿐이다. 1956년 공동선언에 대해서도 옐친은 그 약속을 지키겠다고 명확하게 밝히지 않았다.

1996년은 일소공동선언 40주년의 해였다. 10월 16일, 『아사히신문』에서 40주년 기념 담화를 나와 러시아 평론가 오토 라치스 Otto Latsis에게 부탁했다. 나는 '2도 반환 + 알파α'의 해결안을 과거에 제안했지만, 그후 페레스트로이카가 앞으로 나아가는 과정에서 4도 반환이 실현되면 일본이나 러시아에 좋은 일이라고 생각하게 되었다. 그러나 지금 4도 반환은 실현될 수 없다고 말하면서 다음과 같은 새로운 제안을 했다.

> 우선 공동선언의 결정을 재확인하여 하보마이와 시코탄은 일본에 잠재 주권이 있음을 인정하면서 경제협력을 추진해 간다. 남은 구나시리와 에토로후의 2도에 대해서는 앞으로의 영토 교섭에 영향을 끼치지 않겠다는 확인을 러시아 측에 받아내며 비군사화·자유왕래·경제 공동개발이라는 새로운 관계를 열어 간다. 이에 덧붙여 최종적으로 4도 문제를 논의하는 방식이 좋다고 생각한다.

4도 반환을 목표로 나아가야 한다는 주장을 내가 일단 받아들이자 이후 나(필자)와 외무성과의 관계가 달라졌다. 때마침 도고 가즈히코가 외무성으로 돌아와 구아국歐亞局 심의관이 되어 시노다 겐지篠田硏次 러시아 과장과 함께 '중층적重層的 접근'으로 러시아에 대한 정책 수정을 추진하기 시작했다. 분석관인 사토 마사루는 일소공동선언 40주년을 맞이하여 외무성의 새로운 러시아어 팸플릿『일본과 러시아─진정한 상호 이해를 위하여 日本とロシア─眞の相互理解のために』를 제작했다. 거기에 지도를 실으면서 "이투루프 섬과 쿠나시르 섬은 쿠릴 열도가 아니다"라는 설명글을 삭제했다. 이러한 작업

은 궤변을 극복하기 위한 일보 전진으로 해석할 수 있다.

이듬해 1997년 7월 24일, 하시모토 류타로橋本龍太郎 수상은 경제동우회에서 '태평양에서 바라본 유라시아 외교'라는 주제로 연설했다. 이 연설에서 러일관계의 개선 원칙으로, 푸탸틴과 헤다 호戸田號▶ 선박을 설계하고 만드는 과정에 얽힌 일화에서 보여 준 '신뢰'의 원칙, 교섭에서 승자와 패자가 없는 '상호 이익'의 원칙, 21세기의 신세대를 위해 현재 세대가 그 역할을 다한다는 '장기적인 시점', 3원칙을 들었다. 이 3원칙에 따라 '북방영토 문제'를 해결하면 평화조약 체결의 문제를 넘어설 수 있으며, 러일 경제분야의 발전을 꾀할 수 있다고 했다. 이 연설은 단바 미노루 외무 심의관과 도고 구아국 심의관 등이 중심이 되어 정리한 것으로 알려졌다.

하시모토 연설은 NATO의 동방 진출에 마음이 상했던 옐친에게 강한 인상을 주었으며, 11월 크라스노야르스크Krasnoyarsk에서 마침내 비공식회담이 이루어졌다. 옐친이 "2000년까지 평화조약을 맺자"고 제안하여 이제 러시아와 일본의 교섭은 결정적인 단계로 들어섰다. 이 교섭 준비는 단바와 도고 외에 스즈키 무네오鈴木宗男 의원, 사토 마사루 주임분석관 등이 참가하고 기획했다.

1998년 4월, 가와나川奈에서 열린 러일 정상의 비공식회담에

▶ 일본 막부시대 말에 러시아인과 헤다의 조선공이 협력하여 배를 설계하고 만든, 일본 최초의 본격 서양식 범선으로, 러일 우호의 역사적 상징이 되었다.

서, 하시모토 수상은 4도에 대한 일본의 주권을 인정하고 우루프와 에토로후 섬 사이에 국경을 획정한다면 러시아가 현재 상태로 4도를 거의 무기한 관리해도 좋다는 제안, 즉 가와나 제안을 했다. 4도 일괄 반환이라는 틀에서 가장 많이 양보한 안이다. 이 안은 사토 마사루가 구상했다.

하시모토 수상의 제안에 옐친은 흥미를 보였고, 러시아로 가져가 검토하겠다고 했다. 그러나 불행히도 옐친이 귀국한 후 러시아의 금융 위기, 옐친 자신의 건강 위기와 정권 위기로 이 안을 적극적으로 검토할 힘을 잃었다. 11월, 오부치 게이조小渕恵三 수상이 러시아를 방문했지만 병상에서 막 회복한 옐친은 가와나 제안에 대해 회답하지 못했다.

이르쿠츠크 성명과 대파국

1999년 12월 31일 옐친이 사임하고, 이듬해 1월 1일에 푸틴이 잠정暫定 대통령에 올랐다. 한편, 5월에는 오부치 수상이 뇌경색으로 쓰러져 모리 요시로森喜朗 수상이 후임에 올랐다. 9월에 일본을 방문한 푸틴은 모리 수상에게 가와나 제안은 잘 구상된 안이지만 러시아는 이를 받아들일 수 없다고 회답하고, 1956년 선언은 아직 유효하다고 밝혔다. 이때, 중대한 제안을 하고 그 제안을 상대가 거절하면 다시 다음 제안을 제시하면서 교섭을 계속한다는 교섭

자의 자세로, 철저하게 준비하고 진행한 러시아 관련 일본 외교 팀의 자세는 훌륭했다. 도고 구아국장, 스즈키 의원, 사토 주임분석관은 이러한 국면에서 모리 수상과 함께 가와나 제안에 대체하여 1956년 선언을 기초로 한 '2도 반환+2도 교섭' 방식을 추진했다. 마침내 2001년 3월 25일 러시아의 이르쿠츠크Irkutsk에서 모리·푸틴 공동성명이 실현되기에 이르렀다.

이 성명에서 1956년의 일소공동선언은 러일평화조약 교섭의 '출발점을 설정한 기본적인 법적 문서'라고 확인했다. 푸틴은 회담 전날 저녁, NHK와의 인터뷰에서 '평화조약의 서명을 조건으로 2도를 일본 측에 인도한다'는 1956년 공동선언의 약속은 자신에게도 의무라고 말했다. 이는 획기적인 확인이었다. 푸틴은 흐루시초프가 붙인 조건을 부정하고, 브레즈네프Leonid Brezhnev가 부정한 선언을 다시 되살렸으며, 옐친도 암시밖에 할 수 없었던 태도에서 뛰어넘어 1956년 선언의 이행을 분명히 확인한 것이다.

하지만 일본에서는 푸틴의 신 노선을 좋아하지 않는 세력들이 거세게 반발했다. 그들은 다나카 마키코田中眞紀子 외상의 어리석은 행동과 연관지어 2002년 봄, 스즈키 무네오에게 맹공격을 퍼부었다. 반대 세력은, 외무성의 비공개문서(2001년 3월 5일의 스즈키 의원, 도고 국장과 로슈코프Alexandr P. Losyukov 러시아 외무차관과의 회담 기록)를 일본공산당 시이 가즈오志位和夫 위원장 사무실에 몰래 보내 『아카하타赤旗』 3월 20일호에 전문이 실리도록 조작했다. 그리고 '국익을 훼손하는 이중 외교의 결정적인 증거'로 몰아붙였다. 급기야 이르쿠츠크 성명 추진파의 말살이 현실로 되었다.

2002년 4월, 네덜란드 대사로 전출된 도고 가즈히코는 대사 해임과 함께 외무성에서 면직되어 어쩔 수 없이 네덜란드와 미국 으로 망명했다. 5월 14일에 사토 마사루가 체포되었고, 6월 19일 에는 스즈키 무네오 의원이 체포되었다. 두 사람 모두 유죄판결을 받고 복역하게 되었다. 일본의 러시아에 대한 영토 교섭의 방침 변 경을 주도한 3인조의 '학살'이었다. 모리 전 수상은 침묵을 지켰다. 러시아 측에서 보면, 일본은 러시아와의 영토문제를 해결하려는 의지가 없음을 극명하게 보여준 사건이었다.

이처럼 1986년 시작된 소련에서 러시아로의 대변환의 역사 속에서, 냉전이 끝나고 영토문제를 해결할 기회가 찾아왔다. 북방 4도 문제는 해결되지 않았기에 의의가 있는 것이 아니라, 해결할 수 있고 또 해결해야 할 절실한 문제로 자리매김했다. 이를 위해 해결을 방해하는 '대결의 논리'를 버리고, 해결을 가능하게 하는 '대화의 논리'를 이끌어내고 개발해야 했다. 이는 또한 낡은 논리, 낡은 사고방식과의 싸움이기도 했다. 새롭게 피어난 사고와 논리 는 앞으로 쭉쭉 뻗어나갔지만, 끝내 낡은 힘에 패배했다. 문제를 해결할 수 있었던 최대의 기회를 이렇게 잃어버리고 말았다.

제7장

북방 4도 문제의 해결

혼란스러운 시대

그후 러일관계에서 작은 부침이 있긴 해도, 기본적으로는 교섭이 전혀 진행되지 않는 상태가 계속되었다. 2006년 12월 아베 내각의 아소 다로麻生太郎 외상이 해결책으로 북방 4도의 면적을 똑같이 나누면 "50·50이 된다"는 말을 꺼내(중의원 외무위원회, 12월 13일) 화제가 된 적이 있었다.

실제로, 중국과 러시아의 국경획정 교섭을 자세히 조사해 그 교훈에서 새로운 러일영토 교섭을 제안한 이와시타 아키히로岩下明裕의 저서 『북방영토 문제─4도, 0도, 2도 아니고北方領土問題─4でも0でも, 2でもなく』가 2005년 12월에 출간되었다. 이와시타는 "에토로후

섬과 구나시리 섬이 샌프란시스코 평화조약에서 포기를 선언한 '지시마 열도'가 아니라는 입론立論에 대한 〔20년 전의〕 와다和田의 강한 이의 신청"에 강렬한 인상을 받았다는 내용으로 시작해 '고유영토'론에 대한 의문을 적었으며, 4도 반환론을 다시 검토하여 '2도 반환 플러스 계속 교섭' 방향에 희망을 보았다고 했다. 그가 마지막으로 강조한 점은 '미래를 위한 50·50'이었다. 중러中露 국경문제 해결 경험을 비롯하여 새로운 러일露日 영토문제 해결의 사상을 다룬 이 저서는 2006년 『아사히신문』의 오사라기 지로大佛次郎 논단상을 수상했다. 이 발표에 즈음하여 아소 외상의 '50·50'론, 4도 면적등분론이 나왔던 것이다.

일본의 이러한 변화에 러시아의 반응도 나쁘지 않았다. 뜨거운 희망이 샘솟았다. 2008년 9월 아소 내각이 탄생하자 러시아에 대한 기대가 커졌고, 2009년 2월 아소 수상과 메드베데프 대통령은 정상회담에서 영토문제를 해결하는 '새롭고 독창적이고, 틀에 박히지 않은 접근'을 하기로 합의를 보았다. 그러나 기본적으로 일본의 생각은 아무것도 변하지 않았다. 5월 21일 아소 수상은 중의원 예산위원회에서 북방영토는 "우리나라의 고유영토이다. 지금 이 순간에도 러시아의 불법점령이 계속되고 있어 매우 유감스러운 일이 아닐 수 없다"라고 답변했다. '고유영토'론에서는 당연한 발언이다. 이 발언으로 러시아 측의 분위기는 단숨에 시들해졌다. 메드베데프 대통령은 격렬하게 일본의 태도를 비난했다. 이에 대해 중의원은 6월 11일 「북방영토 문제 등의 해결을 촉진하기 위한 특조법 개정안」을 전원 일치로 가결했다. 7월 3일 참의원에서도 가결하여 법 개정이 추진되었다. 북방 4도는 '우리나라 고유영토'라는 문구가 특조법에 추가되었다.

이와시타의 제언은 비록 의미 있었지만, 변덕스러운 정치가의 발언은 끝내 순식간에 희망을 지워 버리고 말았다. 이후 러시아는 쿠릴 열도의 개발계획에 힘을 쏟았다.

심각한 위기, 최후의 기회

2010년 11월 1일 메드베데프 대통령이 쿠나시르 섬을 방문하자 일본 정부는 강한 불쾌감을 거침없이 드러냈다. 이듬해인 2011년 2월 7일 북방영토의 날 기념식에서 간 나오토 수상은 이 방문을 '용서하기 힘든 폭거'라고 비난하여 두 나라의 대립이 극에 달했다. 러시아 정부는 쿠릴 지방의 개발에 투자하여 3도의 러시아화에 박차를 가했고, 일본 이외의 제3국으로부터 자금과 기술, 노동력을 유치하는 적극적인 자세를 보여 주었다.

그러나 푸틴이 2012년에 대통령으로 복귀할 무렵, 일본과의 영토문제 해결과 러일관계의 개선에 대한 의욕을 보여 주었고, 노다 요시히코 민주당 정권도 이에 호응하는 자세를 보여 주는 등의 변화가 일어났다. 심각한 위기 가운데 생각지도 못한 기회가 하늘에서 내려온 듯한 느낌이었다. 이는 북방 4도 문제 해결의 마지막 기회일지도 몰랐다.

하지만 푸틴 대통령의 힘은 제1기와는 달랐다. 그의 통치방식을 비판하는 국민들이 계속 시위를 벌이고 있어 그의 힘은 시간이 지남에 따라 약해질 수밖에 없다. 대통령의 권력을 가지고 있더라도 영토문제를 해결할 수 있는 시기는 제2기 정권의 초기인 2012년 중이든지, 기껏해야 이듬해인 2013년일 것이다. 마지막 기회의 시기는 짧다. 그러나 이 기회에 해결할 수 없으면 4도의 러시아화, 일본을 제외한 국제화가 도도하게 진행되어 갈 것이다. 1956년의 공동선언을 돌아볼 기회는 사라지고, 영토문제의 해결은 점점 불가능해진다.

시간이 흐르면 흐를수록 일본이 바람직한 해결을 얻지 못하는 것은 기본적으로 북방 3도에 러시아 주민들이 살고 있기 때문이다. 주민들은 자신의 생활과 섬을 지키겠다는 다짐을 더욱 굳게 할 것이다. 이 주민들의 의사를 무시하고 정부가 마음대로 해결책을 제시하는 시대는 이미 러시아에서는 끝나 버렸다. 게다가 정부의 결정에 주민이 따르지 않는다고 강권적 방책을 취할 수도 없으며, 자칫하다가는 더욱더 불가능해질 것이다.

영토문제 해결의 3원칙

이렇게 오랫동안 교착상태에 빠져 해결에 실패한 북방 4도 문제를, 마지막 기회를 살려 지금 신속하게 해결 방향으로 추진하려면 어떻게 하는 것이 좋을까? 이 책에서 지금까지 이야기해 온 입장에서 말한다면, 먼저 냉전시대의 산물인 '고유영토'론과 에토로후와 구나시리 섬은 지시마에 포함되지 않는다는 궤변을 버리고, '대결의 논리'에서 '대화의 논리'로 돌아서는 것이 필요하다.

그리고 세 가지 원칙, 세 가지 사고방식이 중요하다고 생각한다. 첫째, 양국이 이 문제와 관련하여 맺은 조약·협정·선언·공동성명을 중요하게 여기고 철저하게 살릴 수 있도록 지혜를 짜내는 것이다. 이미 획득한 것, 약속한 것이 있다면 이를 바탕으로 확대한다는 점진적인 추진방식을 취해야 한다.

둘째, 문제가 되는 섬의 현재 상태, 즉 현상現狀과 섬 주민들의 생활은 되도록 유지해야 한다는 것이다. 타국이 실효지배하는 섬의 상황을 전면적으로 바꾸는 일은 군사력을 행사할 때만이 가능하다. 이와 같은 실력 행사는 절대로 허용할 수 없다. 그러므로 이를 해결하기 위해서는 섬에 살고 있는 주민들의 생활을 포함하여 현상 유지를 적극적으로 생각하여 해결책을 찾는 수밖에 없다.

셋째, 섬과 그 주변의 바다와 해저 자원을 폭넓게 생각하여, 대립하고 있는 일본과 러시아에 되도록 이익을 공평하게 안겨주는 방향으로 해결책이 발전되어야 한다. '윈윈'이라든가 '50·50'라는 것은, 섬을 면적으로 이등분하는 것과 같은 기계적인 방식이 아니라 최종적으로 양국 이해利害의 조화를 실현하는 것을 목표로 추진해야 한다.

조약문서의 존중

북방 4도 문제를 염두에 두고, 제1원칙으로서 살려야 할 조약적 문서는 어떤 것을 들 수 있을까? 1951년 샌프란시스코 평화조약, 1956년 일소공동선언, 1993년 도쿄 선언, 2001년 이르쿠츠크 성명, 이 네 가지라고 생각할 수 있다.

  샌프란시스코 평화조약에 대해 이미 누누이 설명했지만, 일본은 이 조약에 따라 쿠릴 열도 소유를 포기했다. 다시 말해, 에토로후 섬과 구나시리 섬 등 남 지시마를 포기했다. 그러나 요시다 전권대사가 밝힌 대로, 시코탄 섬과 하보마이 군도는 포기하지 않았다. 다만 소련은 이 조약에 조인하지 않았으므로 이 조약의 규정은 일소 교섭에 직접적인 영향을 미칠 수는 없었다.

  이 점에서 일소공동선언은 일본과 소련이 직접 합의하고 조인한 문서로, 영토문제에서 2도 인도의 규정이 있기 때문에 가장 중요하다. 지금 다시 인도 규정의 제9항을 인용해 본다.

일본국 및 소비에트사회주의공화국연방은 양국 간에 정상적인 외교
관계가 회복된 후, 평화조약의 체결에 관한 교섭을 계속하는 것에 동
의한다. 소비에트사회주의공화국연방은 일본국의 요망에 응하고,
또한 일본국의 이익을 고려하여 하보마이 군도 및 시코탄 섬을 일본
국에 인도하는 것에 동의한다. 다만 이 섬들은 일본국과 소비에트사
회주의공화국연방 사이에 평화조약이 체결된 후에 실제로 인도하는
것으로 한다.

이 1956년 공동선언의 규정에 따라 평화조약 교섭을 신속하게 진
행할 수 있다. 평화조약 교섭의 핵심은 영토문제의 교섭이다. 공동
선언의 내용에 '영토문제를 포함한다'는 문구가 삭제된 것은 사실
이지만, 이 삭제는 이미 의미가 없다. '영토문제', 즉 4도 문제의 교
섭에 관한 내용은 1993년 도쿄 선언과 2001년 이르쿠츠크 성명에
서 다시 확인할 수 있다.

　오랫동안 일본은 북방 4도는 일본의 영토, '고유영토'이니까
러시아는 '불법 점령'을 멈추고 일본에 돌려달라고 요구했기 때문
에 거절당한 것이다. '고유영토'론을 버리고 일소공동선언을 바탕
으로 하여 다음과 같이 주장할 수 있다.

　북방 4도는 원래는 우리나라(일본)의 영토였다. 이는 1855년
조약에서 러시아도 인정했던 점이다. 그러나 65년 전 전쟁에서 패
해 러시아를 포함한 연합국에 항복한 후, 당신들(러시아)에게 빼앗

졌다. 역사적으로 볼 때, 원래는 아이누가 살고 있는 토지를 러시아와 일본이 서로 다퉈 확보한 것이다. 우리가 러일전쟁에서 남 가라후토까지 손에 넣은 것은 분명히 지나쳤다. 그러나 그렇다고 사할린(가라후토)와 쿠릴 열도 모두를 러시아가 차지한다면 이 또한 지나친 것이 아닐까? '일본국의 요망에 응하고, 또한 일본국의 이익을 고려하여' 2도를 인도한다면 물론 받을 것이다. 나머지 섬은 샌프란시스코 평화조약에서 포기한 섬이지만, 이제 와서 러시아가 영유한다 해도 일본은 다른 의견을 제기하지 않을 것이다. 일본이 러시아령이라고 흔쾌히 승인하면 그만이다.

우선 이렇게 말하지 않으면 안 된다.

그렇다면 1956년부터 무려 55년이란 세월이 헛되었다고 말하는 사람도 있겠지만, 55년 동안이나 헛되이 지냈으니 이제 2도 인도 규정을 실현해야 한다. 그러나 여기에 머물러서는 안 된다.

공동선언의 내용에 "일본국의 요망에 응하고 또한 일본국의 이익을 고려하여" 2도를 "인도하는 것에 동의한다"고 되어 있으므로, 일본은 이 선언에 따라 러시아 측에 또 하나의 섬, 구나시리 섬 인도에 동의해 달라고 요청할 수 있다고 생각한다. 물론 에토로후 섬의 인도까지 요청할 수 없다는 내용이 아니다. 그러나 러시아 측은 2도 인도가 최대한이라고 1955~1956년 교섭에서 줄곧 이야기했으므로, 새롭게 요청한다면 1956년 선언에서 출발하여 3도를 인도해 주지 않겠느냐고 교섭하는 것이 이성적인 방침일 것이다.

행정	남 쿠릴시 관구		쿠릴시 관구
섬 이름	구나시리 섬	시코탄 섬	에토로후 섬
2005년	6697	3195	6904
2008년	7044	3124	6387
2009년	6937	3252	6157
2010년	7049	3247	6064

〈표 1〉 남 지시마의 러시아 주민 수
(「쿠릴 열도의 사회경제적 상태クリル諸島の社會經濟的狀態」, 2010년)

그러나 에토로후 섬은 샌프란시스코 평화조약에서 포기한 영토이며, 러시아화가 가장 많이 진행된 섬에서 패자부활전 식으로 싸우는 것은 무리이다. 에토로후 섬은 단념해야 한다.

구나시리 섬의 인도를 요청할 때, 구나시리 섬의 인도는 일본 국민의 강렬한 바람이며, 일본의 이익에 얼마만큼 들어맞는지를 확실하게 논리적으로 설명하고 교섭해야 한다. 물론 구나시리 섬에는 러시아 주민 7,049명(2010년 현재, 〈표 1〉)이 살고 있다. 일본으로의 인도를 요구하는 것이 일본 국민의 바람이며 이익이라 할지라도, 구나시리 섬을 인도하면 러시아인 섬 주민들의 이익을 해칠지도 모르는, 사실 심각한 문제가 발생할 수도 있다. 이 교섭은 매우 까다롭다. 경우에 따라 구나시리 섬을 러시아와 일본이 나누어 관리하는 안을 검토하는 것도 가능하다.

2도 인도, 2도 공동 경영 – 현상 유지와 이해의 조화

구나시리 섬 인도를 요청하는 교섭을 할 때, 끝내 러시아 측이 도저히 건네줄 수 없다고 회답한다면 더 이상 교섭을 계속할 수 없다고 생각한다. 따라서 다음 제안으로, 구나시리 섬은 러시아령으로 두고 일본에 인도할 시코탄 섬과 함께 묶어 러일 공동경영·공동개발 지역으로 하는 것이 어떨지 교섭해도 괜찮다고 생각한다. '3도 인도안'에서 '2도 인도, 2도 공동경영안'으로 옮기는 것이다.

이미 말했듯이, 나는 1989년에 '2도 반환, 4도 공동경영'을 제안한 적이 있다. 현재 러일 간에 4도 공동경제개발을 추진하자는 안이 떠도는 것 같다. 그러나 2도 인도를 유보하고 4도 공동개발을 추진한다면 2도 인도가 아예 사라지는 사태가 벌어질 우려가 있다.

하보마이 군도는 경비대 이외에는 완전히 무인도 상태이므로, 이 군도만 인도하면 일본은 어떻게든 활용할 수 있다. 일본령이었던 시절에는 가장 큰 시보쓰 섬을 중심으로 시코탄 섬의 네 배인 주민 5,043명이 살았다. 옛 주민에게 보상해 주고 하보마이 군도를 모두 국유지로 한 다음, 북방 4도로 돌아가고 싶어 하는 옛 4도 주민을 위해 시보쓰 섬에 새로운 마을을 건설하는 것도 좋지 않을까 생각한다. 그밖의 작은 섬 몇 군데는 아이누 박물관으로 꾸미는 것도 좋을 듯하다.

시코탄 섬 또한 옛 주민들에게 보상을 해 주고 모두 국유지로 해야 한다. 시코탄 섬에는 러시아 주민 3,247명(2010년 현재)이 살고 있다. 이 섬을 인도한 후에도 이들의 생활을 그대로 유지해 주어야만, 시코탄 섬을 일본에 인도하는 것을 인정받으리라 생각한다. 국유지로 하여 러시아인들에게 현재의 토지를 대여해 주는데, 이때는 지대地貸를 면제해 주어야 한다. 이들의 거주지에서 옛 주민들은 물러가라고 요구하는 사태는 피해야 한다. 물론 러시아 주민들이 러시아 본토로 이주를 희망할 경우에는 이주 보조금을 주는 것도 필요하다. 이어서 거주를 원하는 사람들에게는 러시아 국적을 유지한 상태로 거주를 인정해야 한다. 그렇게 하면 시코탄 섬의 행정은 그 사람들을 주체로 하기 때문에 러시아어를 공용어로 하지 않을 수 없다. 지금까지와 마찬가지로, 남 쿠릴 지구 행정의 중심지인 구나시리 섬의 유즈노쿠릴스크에서 시코탄 섬을 계속 관리하는 것이 가장 합리적이다. 즉, 시코탄 섬에 사는 러시아 국적 주민은 지금과 마찬가지로 구나시리 섬의 행정당국 관리 아래 세금을 내고, 교육·의료·연금 혜택을 계속 받게 하는 것이 좋다.

이후, 일본 국적을 희망하는 시코탄 섬 주민은 적절한 수속을 통해 일본 국적을 얻을 수 있고, 이때 러시아 국적을 계속 유지하는 것을 인정하는, 즉 러일 이중 국적의 인정도 필요하다. 일본 관리사무소를 설치하고 시코탄 섬에 성인 희망자와 모든 어린이가 일본어를 배울 수 있도록 학교를 세운다. 또한 주민들의 편의시설인 상점과 병원, 자연환경보호·어업자원보존을 위한 연구기관과

감시기구, 에코Eco 관광을 위한 호텔, 일본인 관광객을 위한 토산품 판매점과 식당 등을 세울 필요가 있고, 이를 위해 일본인 관리요원을 유입해야 한다. 이러한 일본인을 위해 아파트나 주택 건설도 고려해야 하고 주민들의 안전을 위해 경찰서도 필요하다.

이러한 체제는, 20년 동안 수정하지 않고 계획에 따라 계속 이어가는 것이 중요하다고 생각한다. 시간이 지나면 주민들의 생활에도 변화가 생길 것이다. 일본어를 배운 러시아인 도민의 아이들이 일본 대학에 들어가기도 하고, 일본 본토로 이주하는 사람도 있을 것이다.

여하튼 시코탄 섬의 현상을 유지하려면 시코탄 섬에 새로 이주하려는 러시아인들을 통제하고, 일본인의 이주도 행정기관의 통제 아래 신중하게 허가하도록 해야 한다.

인도 후의 시코탄 섬 생활을 이처럼 구상하는 것은, 결국 러시아령의 쿠나시르 섬과 일본령의 시코탄 섬을 합쳐 러일의 공동경영지역으로 삼는 것을 목표로, 그곳에 사는 대다수의 주민인 러시아인을 위해 러시아의 행정과 남 쿠릴 지구를 장기간 동안 유지할 수 있기 때문이다. 이 공동경영지역 운영을 위해서는 러시아의 행정기관과 더불어 호흡을 맞추는 러일 공동경영위원회를 꾸릴 필요가 있다. 이 위원회는 러일 양국의 중앙정부, 사할린 주와 홋카이도 도청, 남 쿠릴 지구(쿠나시르와 시코탄), 시코탄 섬 일본 관리사무소, 네무로 시의 대표, 2도의 러시아계 주민과 일본인 주민 대표 등으로 구성해야 한다. 이 위원회에서 이주자와 일시 방문자의 통제, 공동개발계획의 작성과 결정, 러일 양 정부로부터 개발자금의 수령과 운용, 에코 관광과 자원보호 어업의 추진 등을 심의하고 실행한다. 물론 쿠나시르 섬과 시코탄 섬은 완전히 비군사화해야 한다.

이렇게 되면 쿠나시르 섬에도 변화가 일어날 것이다. 섬을 방문하는 일본인 관광객이 늘어나 일본인의 이주가 필요해질 것이다. 쿠나시르 섬에도 호텔과 병원이 필요하다. 시코탄 섬에 일본인이 세운 시설을 쿠나시르 섬에도 똑같이 세우는 것이 좋다고 생각한다. 즉, 러시아 행정 관할에서 쿠나시르와 시코탄을 러시아인과 일본인이 함께 사는 지역으로 하는 것이 좋을 듯하다. 또한 쿠나시리 섬의 러시아인 가운데 원하는 사람에게 일본 국적을 부여해 이중 국적을 인정하는 것도 괜찮지 않을까 생각한다. 반대로 러시아에서도 이 두 섬에 사는 일본인에게 러시아 국적을 부여해 이중 국적을 인정하면 한층 더 관계가 원활해질 것이다.

마지막으로, 쿠나시르 섬과 시코탄 섬은 러시아와 일본이 각각 영유하지만 러시아인과 일본인이 어우러져 사는 러일 공생의 섬, 꿈꾸는 북쪽의 섬이 되었으면 한다. 이는 곧 현상 유지로 시작하여 모든 사람의 이해利害의 조화에 이르는 길이다. 북방 4도 문제의 해결이란 이런 것이 아닐까, 나는 그렇게 생각한다.

제8장

독도＝다케시마 문제와
센카쿠＝댜오위 제도 문제

매우 유사한 두 가지 영토문제

이제 일본이 안고 있는 제2, 제3의 영토문제인 독도=다케시마 문제, 센카쿠=댜오위 제도 문제는 모두 거주민이 없는 절해의 무인도의 문제이다.

　독도=다케시마는 일본과 한국 사이의 바다 가운데 있으며, 한국의 울릉도에서 92킬로미터, 일본의 오키隱岐 섬에서는 157킬로미터 떨어진 곳에 있는 두 개의 바위섬이다. 면적은 0.23제곱킬로미터밖에 되지 않는다. 이곳에 한국의 경비대가 주둔하고 있으며, 한 쌍의 부부가 살고 있다(〈그림 13〉).

　센카쿠=댜오위 제도는 오키나와 제도와 타이완 사이의 바다

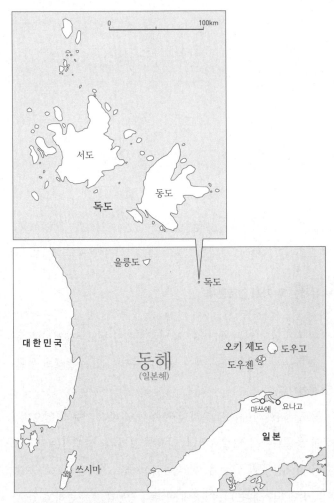

〈그림 13〉 독도=다케시마

에 있으며, 5개의 섬으로 이루어져 있다. 원래 서쪽에 우오쓰리 섬
(魚釣島, 중국명 댜오위다오釣魚島), 그 동쪽에 기타코北小 섬과 미나미
코南小 섬이 있고, 북쪽에 구바久場 섬, 조금 떨어진 가장 동쪽에 다
이쇼大正 섬이 있다. 총면적은 6.3제곱킬로미터, 가장 큰 우오쓰리
섬이 3.6제곱킬로미터이다. 국유지인 다이쇼 섬 외에는 모두 개인
소유로 일본 정부가 그 땅을 빌려 관리하고 있다. 5개의 섬 모두 무
인도이다. 2012년 9월, 사유지 가운데 우오쓰리·기타코·미나미코
이 세 섬이 국유지가 되었다(〈그림 14〉).

두 가지 영토문제는, 한쪽 나라가 실효지배하고 있는 섬에 다
른 나라가 영토 요구를 제기한다는 문제의 구조적인 면에서 매우
유사하다. 실효지배하고 있는 측이 상대측의 영토 요구를 인정하
지 않는 것도 같다. 한국 정부는, 독도는 한국 영토이기 때문에 일
본이 영토 요구를 제기하는 것을 인정하지 않는다. 아니, 영토문
제는 존재하지 않는다고 생각한다. 일본 정부는, 센카쿠 열도는
일본 영토이기 때문에 중국이 영토 요구를 제기하는 것을 인정하
지 않는다. 영토문제 또한 존재하지 않는다고 생각한다.

이는 어리석은 태도이다. 이웃 나라 사이에 영토 싸움이 몇십
년 동안 계속되는데, 실효지배하고 있는 측이 상대의 주장을 듣고
대화를 통해 문제 해결을 도모하는 것은 당연하다. 이 점에서, 20년
전 북방 4도에 대한 일본의 영토 요구를 인정하고 교섭에 동의한
러시아 정부의 태도는 본받을 만하다. 상대의 주장을 무시하면, 그

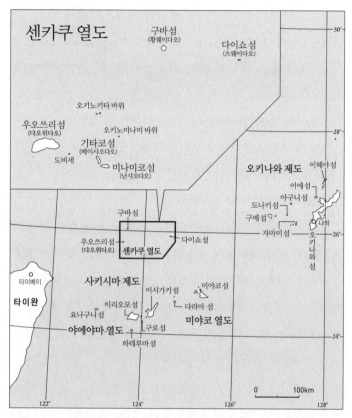

<그림 14> 센카쿠 열도

결과 문제 해결을 외교적 수단 아닌 다른 수단을 찾게 될지도 모른다. 2011년 여름의 위기가 이를 분명하게 보여 준다.

독도=다케시마 문제, 센카쿠=댜오위 제도 문제 ―이 두 가지 문제를 북방 4도 문제와 함께 동북아시아의 영토문제로 받아들여, 이를 비교 검토하여 하나의 원칙으로 해결을 도모할 필요가 있지 않을까.

역사적 근거로는 해결되지 않는다

절해의 무인도이기는 하지만, 이 섬들을 둘러싸고 수세기 동안 전해 내려오는 숱한 이야기가 있다. 그 이야기들은 한일·중일 사서史書에 기록되어 있다.

이노우에 기요시의 『센카쿠 열도尖閣列島』(1972년)에 따르면, 16세기의 중국 문헌에 류큐琉球 제도와 중국 푸젠성福建省 사이의 항로에 댜오위라는 이름의 섬이 나온다. 중국에서 류큐 왕국에 파견된 책봉사가 항해할 때 표지로 삼았던 섬이라는 것이다. 아마도 사실일 것이다. 일본에는 1785년에 쓴 하야시 시헤이林子平의 『삼국통람도설三國通覽圖說』에 '죠교다이釣魚臺'라는 섬이 기록되어 있다고 한다. 류큐에서 중국에 간 사절도 이 섬을 표지로 삼았을 것이다. 또한 16세기에는 왜구 토벌을 위해 쌓아올린 푸젠성의 다섯 군데 해방(海防, 방파제) 구역 안에 댜오위다오가 적혀 있다고 들었다.

오랜 세월 속에 절해의 무인도는 항해자의 주목을 받았고, 여러 가지 목적을 위해 이용되었을 것이다. 1845년 영국의 군함 사마랑Samarang 호가 이 섬을 측량하고, 그때 댜오위댜오를 'Hoa-Pin Island'라고 부르고, 그 주위 섬들은 'Pinnacle Islands'라는 이름을 붙였다. 피나클이란 기독교 교회의 첨탑형의 지붕을 말한다. 아마도 섬의 모양을 보고 그와 같은 이름을 붙였을 것이다.

　　한국에서는 15세기 문헌에 나오는 '우산도于山島'가 독도를 가리킨다고 주장한다. 일본에서는 17세기 초 돗토리鳥取 번의 상인이 막부의 허가를 받은 이후로 매년 1회 '다케시마竹島'로 건너가 전복

▶ 1454년(단종 2년)에 완성된 『세종실록지리지』에 다음과 같은 기록이 있다. "우산于山과 무릉武陵 두 섬이 울진현의 동쪽 바다 가운데 있다. 두 섬은 서로 거리가 멀지 않아 날씨가 맑으면 볼 수 있다". 이 기록을 바탕으로 '무릉'이 울릉도, '우산'은 독도라고 한국 학자들은 주장한다. 그 근거 가운데 하나로, 조선 후기 박세당(朴世堂, 1629~1703)이 쓴 『울릉도』라는 책에서 우산도에 대한 언급을 들고 있다. 박세당은 울릉도에서, 배를 타고 울릉도에 갔다가 돌아온 승려에게 전해들은 얘기를 기록하면서 이렇게 말했다. "대개 두 섬(울릉도와 우산도)이 그다지 멀지 않아 한번 큰 바람이 불면 닿을 수 있는 정도이다. 우산도는 지세가 낮아 날씨가 매우 맑지 않거나 최고 정상에 오르지 않으면 (울릉도에서) 보이지 않는다(不因海氣極淸朗, 不登最高頂, 則不可見)".

　　이를 근거로 한국해양수산개발원 독도연구센터 책임연구원인 유미림 박사는 이 개발원에서 발간한 『해양수산동향』 1250호(2007.11.20)에서 우산도는 울릉도가 아니며, 울릉도와 가까이 있어 육안으로 언제나 볼 수 있는 섬이 아니므로 곧 독도라고 주장했다.

　　유 박사는 이 내용이 박세당과 같은 시대 인물인 삼척포진영장 장한상(張漢相, 1656~1724)이 쓴 『울릉도 사적』에서 "(성인봉에서) 동쪽으로 바다를 바라보니 동남쪽에 섬 하나가 희미하게 있는데, 크기는 울릉도의 3분의 1이 안 되고 거리는 300여 리에 지나지 않는다"는 기록과도 통한다고 설명한다. 박세당과 장한상은 모두 일본으로부터 독도가 조선 땅이라는 확인을 받은 숙종 때의 어부 안용복安龍福과 같은 시대의 인물이라는 점에서 이들의 인식은 더욱 중요한 의미를 지닌다.

을 캐는 등의 일을 했다. 이 다케시마는 실은 울릉도를 가리킨다. 1692년이 되자 섬에 다수의 조선인이 와서 일을 할 수 없었으므로, 이듬해 조선인이 오지 못하게 해 달라고 막부에 진정했다고 한다. 그래서 막부는 쓰시마對馬 번에 조선과의 교섭을 명했다. 조선은 이 제의를 거부했다. 쓰시마 번은, 다케시마는 우리나라(本邦) 것이라고 하여 교섭하자고 제안했지만, 로쥬우(老中. 막부의 직속으로 정무를 담당하던 최고 책임자) 아베 분고노가미阿部豊後守는 바다 건너는 것을 허락한 이유는 "조선의 섬을 일본에서 취하고자 함은 아니다", 섬은 "조선국의 울릉도인 것 같다"고 하면서, 이후부터 일본인이 바다를 건너지 못하도록 조치를 취할 것을 분명히 했다(나이토 세이추內藤正中·김병렬金柄烈, 『사적 검증 다케시마·독도史的檢證 竹島·獨島』). 이 조치는 1696년의 일이었다.

당시 일본에서는 지금의 독도=다케시마를 '다케시마(竹島, 울릉도)'에 부속된 섬으로 '송도松島'라고 불렀다. 이곳으로 배를 타고 건너가는 것을 금지하지는 않았지만, 그렇다고 송도의 영유에 대해 무언가 적극적으로 주장할 수 있는 것도 없었다.

또한 1847년에 프랑스의 포경선이 배 이름을 따서 섬을 '리앙쿠르'라고 부르기도 했다. 이처럼 근대 이전의 역사에서 이 섬들에 대해 여러 가지 이야기가 회자되고 있지만, 그 이야기들을 근거로 그 시대부터 자국의 영토였다고 주장할 수는 없다고 본다. 영토를 문제로 삼게 된 것은 주권국가라는 관념이 보급된 근대적 국제질서 속에서 영토 획정을 추진한 이후부터라고 생각한다.

다케시마(독도)에 대한 메이지 정부의 태정관 결정

메이지 유신을 성공적으로 완수하여 근대국가의 길을 걷기 시작
한 일본은 이웃 나라들과의 관계를 정리하고 국경 획정을 추진했
다. 일본이 조선을 강하게 압박하자 1876년 2월에 조선은 어쩔 수
없이 조일수호조약을 맺고 문호를 개방했다. 그러나 이 조약에는
국경 획정 문제가 언급되지 않았다. 이러한 점을 보완한 것이 당시
일본 조정에서 국무를 총괄하던 태정관太政官의 1877년 3월 29일
결정이다. 이 결정은 호리 가즈오堀和生가 1987년의 논문 「1905년
일본의 다케시마 영토 편입1905年日本の竹島領土編入」에서 밝혔다.

　　1876년 10월, 일본 내무성 지리료地理寮가 시마네島根 현에 '다
케시마(울릉도)'의 건에 대해 문의했다. 일본과 조선 사이에 섬의
국경 획정이 문제가 되자, 이 섬이 중심이 된 것은 당연했다. 시마
네 현은 조사를 하여 「일본해 내 다케시마 외 1도 지적편찬방 문의
日本海內竹島外一島地籍編纂方伺い」를 지도와 함께 제출했다. '이소다케시
마 약도磯竹島略圖'(《그림 15》)라는 제목의 그 지도에는 '이소다케시마
(울릉도)'가 그려 있고, 그 섬의 남동쪽 오키와의 사이에 작은 '송
도'가 그려져 있다. '다케시마 외 1도'란 울릉도와 독도(다케시마)를
의미하는 것이 분명하다. 내무성도 독자적으로 조사해 시마네 현

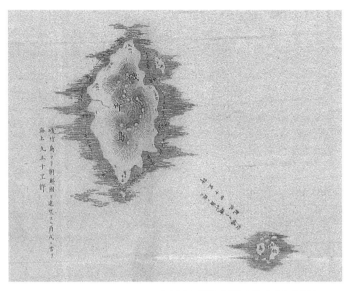

〈그림 15〉 '이소다케시마 약도' 메이지 10년(1877년)
(국립공문서관 소장, 『독도=다케시마 논쟁』, 신간사新幹社에서 전재)

의 보고와 때를 맞춰 "이 두 섬은 조선령이며 일본령이 아니라는 결론을 냈다"고 호리 씨는 적고 있다. 이 건의 사료는 국립공문서관 소장의『공문록公文錄』메이지 10년(1877) 3월에 수록된「일본해 내 다케시마 외 1도 지적편찬방 문의」이다.

　　내무성은 1877년 3월 17일 태정관에게 이 건에 관한 문의서를 제출했다. 부속 서류 가운데 다케시마는 "오키국의 건방(乾方, 북서) 쪽 120리 가량에 있다. 다음에 한 섬이 있어서 송도라고 부른다. 오키에서 80리 정도 떨어져 있다"고 기록하고 있으며, '외 1도'란 송도(현재의 독도[다케시마])라고 밝혔다. 태정관의 심사에서 내무성의 견해가 옳다고 판단해 3월 20일 다음과 같은 문서를 기초하여, 이와쿠라 도모미岩倉具視 등의 승인을 요청했다.

> **별지 내무성의 문의, 일본해 내 다케시마 외 1도의 지적편찬의 건**
>
> 아래는 원록 5년(1692)에 조선인이 섬에 들어온 이후, 지난날 막부에서 해당국과 왕래한 끝에 결국 우리나라와는 관계없는 것이라 전하고 있소. 그러므로 이를 서로에게 알리시오. 문의한 건에 대해서 아래와 같은 지령대로 해야 마땅하다고 할 것이오.

해당국이란 조선국이다. 17세기의 막부 조치를 자세히 검토했다. 첨부한 지령안 대로 1877년 3월 29일에 지령이 내려진다.

> 문의한 건, 다케시마(독도) 외 1도는 우리나라와 관계없는 것임을 알아둘 것

울릉도와 다케시마(독도)를 하나로 파악하고, 이 2도는 조선의 영토라는 심증을 굳혀 일본 영토가 아니라고 선언한 것이다. 이로써 일본은 조선과의 영토 획정을 이루었다고 할 수 있다.

　호리의 이 발견은 큰 반향을 불러왔다. 다케시마(독도) 문제를 연구하는 시마네 대학 교수 나이토 마사나카內藤正中, 나고야 대학

교수 이케우치 사토시池內敏 등은 호리의 주장을 지지했다. 그러나 다쿠쇼쿠拓殖 대학 교수 시모조 마사오下條正男는 "'다케시마 외 1도'의 1도가 송도(현재의 독도[다케시마])를 가리키는지 그렇지 않은지, 정확하게 판단할 수 없다"며 이 태정관 결정을 무시했다. 그리고 외무성도 이 태정관 결정을 계속 무시해 왔다. 외무성의 팸플릿 『다케시마 문제를 이해하기 위한 10가지 포인트竹島問題を理解するための10のポイント』에는 이 중대한 결정을 전혀 찾아볼 수 없다. 한편, 한국 정부는 이 태정관 결정을 매우 중요하게 여기고 있다.

일본의 우오쓰리 섬과 구바 섬 영유선언

새로운 움직임은 1884년부터 시작되었다. 이 해에, 오키나와의 상인 고가 다쓰시로古賀辰四郎가 우오쓰리 섬(댜오위댜오)에서 서식하는 아호우 새阿房鳥▶에 관심이 많아 그 깃털을 얻으려고 다이쇼 섬, 구바 섬, 우오쓰리 섬 3도를 일본령으로 하여, 그곳에 들어가 개척할 수 있도록 허가해 달라는 청원서를 제출했다. 정부 부내에서는 내무대신 야마가타 아리토모山縣有朋는 청나라가 이름을 붙였더라도 '청나라 소유라는 증거도 별로 없고 무인도'이니, 나라의 표지를 세워도 좋다고 했지만, 외무대신 이노우에 가오루井上馨는 '청나

▶ 새의 한 종류. 신천옹信天翁이라고도 하며, 알바스트로스albatrus를 가리킨다.

라의 의혹'을 일으키는 조치에는 반대한다, 나라의 표지를 세우는 것은 '다음 기회'로 넘겨야 한다고 주장해, 결국 정부는 고가의 신청을 받아들이지 않기로 했다(세리타 겐타로芹田健太郎,『일본의 영토日本の領土』).

이노우에의 회답은 1885년 10월에 나왔다. 4개월 전 그는, 조선 국왕 고종이 러시아와 접근하는 것을 청나라와 협력하여 어떻게든 막으려고 청나라 공사를 필사적으로 설득했다. 이노우에는 청나라와 대립하는 싹을 키우고 싶지 않았던 것이다.

고가의 호소는 그후에도 몇 번이나 계속 이어졌고 그때마다 받아들여지지 않았다. 그러다가 마침내 일본 정부가 조사한 결과 사람이 살지 않는 땅이라는 것이 밝혀져, 1895년 1월 14일에 '구나섬, 우오쓰리 섬이라고 부르는 무인도'를 '오키나와 현 소속'으로 정하고, 각료회의에서는 말뚝 표지를 세우기로 결정했다.

그 전해인 1894년부터 일본과 청나라는 서로 선전포고를 하여 전쟁을 벌이고 있었다. 일본군은 이미 요동반도에 쳐들어가 뤼순과 다롄을 점령했다. 1895년 1월에는 산둥반도를 공격하여 항구도시인 웨이하이웨이威海衛를 목표로 삼았다. 그 작전이 시작된 날은 1월 19일이었다. 2월 2일에 일본이 웨이하이웨이를 점령하자 청일전쟁에서 일본의 승리가 확실해졌다.

우오쓰리 제도 영유선언이 공표된 것은 청일전쟁의 종료와 관련 있음이 분명하다. 그러나 일본과 청나라의 강화 교섭은 3월

20일부터 시작되었고, 그 교섭에서 타이완과 펑후 제도의 할양이 거론되었으므로 우오쓰리 제도를 그 요구에 덧붙이는 것은 쉬운 일이었을 것이다. 하지만 청일전쟁의 전리품과는 관계없이 10년에 걸쳐 검토해 온 '무주의 땅'을 영유선언이라는 형태로 우오쓰리 제도의 문제를 처리한 점은, 일본이 기본적으로 우오쓰리 제도 문제를 청일전쟁과 분리해서 생각했다는 사실을 보여 준다.

하지만 각료회의 결정으로 이루어졌어도, 일본 정부는 아직 센카쿠 열도라는 인식이 없었다. 이 명칭이 생겨난 것은 이후 5년 뒤인 1900년이었다. 오키나와 사범학교 교사 구로이와 히사시黑岩恒가 이 섬들을 조사하면서 비로소 '센카쿠 열도'라고 이름 붙였다. 당연히 'Pinnacle Islands'를 일본어로 번역한 이름이었다.

일본의 다케시마(독도) 영유선언

이제 독도=다케시마 차례이다. 1903년, 오키 섬 주변에서 전복을 따던 어민 나카이 요사부로中井養三郎는 송도라는 섬으로 강치 포획에 나섰는데 그 섬에 많은 사람들이 몰려들었고, 1904년에 이르러 함부로 강치를 포획해 섬 주변이 어지러웠다. 이에 나카이는 1904년 9월, '리양코 섬'의 일본 편입과 섬 대여에 관한 청원서를 제출했다. 리양코 섬은 유럽인이 이름 붙인 '리앙쿠르 섬'에서 따왔다.

이 시기도 러일전쟁의 와중이었다. 1905년 1월 28일 일본 정부는 각료회의 결정으로 섬 이름을 '다케시마'라 하고, 본국 소속과 시마네 현 소속으로 했다. 정부 훈령에 따라 시마네 현 지사가 공시를 낸 것은 2월 22일이었다.

러일전쟁은 조선전쟁으로 시작되었다. 일본군은 1904년 2월 개전 전야에 한성(서울)을 점령하고 전토 점령을 확대하는 가운데, 2월 23일 대한제국에 한일의정서에 서명할 것을 강요했다. 그 의정서는 조선을 일본의 보호국으로 하는 첫 걸음으로, 일본은 조선의 "군사 전략상 필요한 지점을 일정한 기간 동안 수용할 수 있다"고 규정했다. 그후 8월 22일, 일본은 본국에서 파견한 외교고문을 받아들이라고 한국에 강요했다.

8월부터 뤼순 공격작전이 시작되었다. 발트 해 함대의 극동 회항이 다가오는 가운데, 먼저 뤼순을 공략해 뤼순 함대를 격퇴해야 한다는 압박을 받던 노기乃木 군은 무리한 육탄전을 벌인 끝에 1905년 1월 1일 드디어 뤼순을 함락했다. 하지만 일본 해군은 다가오는 발트 해 함대의 위협에 여전히 떨었다. 해군은 동해(일본해) 해전에 대비해 울릉도에 망루를 세웠지만, 또 하나의 망루 건설의 후보지로 리양코 섬을 지정해 군함을 파견하여 조사를 시작했다. 나카이가 청원서를 제출하기 5일 전의 일이었다(나이토 세이추·김병렬, 『사적 검증 다케시마·독도』).

리양코 섬의 일본 편입을 요구한 나카이의 신청이 이 전쟁 상황과 직접 관련 있는 것은 당연했다. 나카이의 신청에 대해 내무성

에서는 "이 시국에 즈음하여 한국 영지라고 여기는, 아득하고 거칠
며 보잘것없는 불모의 바위땅을 수용하여 …… 외국 여러 나라에
우리나라가 한국 병합의 야심이 있다는 의심을 더 크게 만든다"고
하여 반대했지만, 러시아와의 전쟁에 매진하던 외무성을 대표하
는 야마자 엔지로山座円次郎 정무국장이 "이러한 시국이기 때문에 영
토 편입을 급선무로 해야 한다. 망루를 세우고 무선 또는 해저 전
신을 설치하면 적함을 감시할 때 매우 유리하고, 더군다나 외교 업
무상 고려할 필요도 없다"고 했다(나이토 세이추·김병렬, 『사적 검증
다케시마·독도』).

다케시마(독도)의 일본 편입은 한반도 점령으로 대한제국을
굴복시켜서 얻은 지위 권력을 이용하여 러일전쟁을 효과적으로
진행하기 위해서이지, 강치 어부의 이해에 얽힌 문제가 아니었다.
따라서 우오쓰리 제도의 경우와는 결정적으로 다른 역사적 의의
를 지니고 있다.

일본은 전쟁을 승리로 끝내고, 포츠머스 강화로 일본의 한국
지배를 러시아에 인정하도록 했으며, 1905년 11월에 을사늑약을
강요해 한국을 일본의 보호국으로 삼았다. 통감統監이 파견되고 대
한제국의 외교권은 완전히 상실되었다. 일본 정부의 다케시마(독
도) 영유 결정이 한국에 전해진 것은 그후 1906년 3월이었다(『사적
검증 다케시마·독도』).

일본이 다케시마(독도)를 자기 영토라고 선언한 지 5년 뒤인

1910년, 이번에는 사람이 살지 않는 바위섬 정도가 아니라, 한반도 전체가 그곳에 사는 조선인과 함께 일본 영토에 강제병합되었다. 조선인의 입장에서 보면, 1905년 1월의 독도＝다케시마 강제병합은 1910년 한반도 전역의 강제병합 전조이며 서곡이었고, 민족 비극의 시작이었다.

일본의 패전 이후

1945년 8월 15일 천황이 옥음玉音 방송▶으로 포츠담 선언을 수락하고 연합국에 항복했음을 알렸다. 일본의 식민지 지배에서 해방된 조선 사람들은 곧바로, 타이완의 사람들은 서서히 해방을 축하하고 자유민으로 행동하기 시작했다. 연합국군 최고사령관이 내린 〈일반명령 제1호〉로 한반도의 북쪽은 소련군, 남쪽은 미군이 점령하게 되었고, 타이완은 중화민국군이 점령하게 되었다.

　　일본을 점령한 맥아더의 연합국군 최고사령관 총사령부는 1946년 1월 29일 〈SCAPIN 제677호〉를 발표해 일본이 정치·행정적 권력을 행사할 수 있는 지역과 할 수 없는 지역을 지정했다.

　　'일본 범위에 포함하는 지역'으로 든 곳은 홋카이도·혼슈·시코

▶ 1945년 8월 15일 정오, 당시 일본방송협회에서 쇼와 천황이 육성肉聲으로 '종전終戰 조서'를 라디오로 방송한 것을 가리킨다.

쿠·규슈·쓰시마와 북위 30도 이북의 류큐(남서) 제도, 그 범위에 속하는 크고 작은 섬 약 천 개뿐이었다. '일본의 범위에 제외하는 지역'으로는 맨 처음 'ⓐ울릉도·다케시마(독도)·제주도'를 들었고, 다음으로 'ⓑ북위 30도 이남의 류큐(남서) 열도(구치노ロ之 섬 포함)·이즈伊豆·난포南方·오가사와라·이오우硫黃 군도'를 들었다. ⓒ에서는 '지시마 열도·하보마이 군도·시코탄 섬'을 들었다는 것은 이미 이야기했다. 그리고 이 훈령에서, 일본 정치와 행정 '관할권에서 특별히 제외한 지역'으로 태평양의 위임통치령·만주·타이완·펑후 제도·조선·가라후토를 들었다.

그리하여 다케시마(독도)는 울릉도, 제주도와 함께 일본의 범위에서 밀려났다. 센카쿠 열도는 그 어디에도 언급하지 않지만, 일본의 범위가 남서 방면으로 '북위 30도 이북', 즉 야쿠 섬屋久島까지로 되고, 구치노 섬 이남의 사쓰난薩南 제도와 오키나와 제도가 일본의 범위에서 밀려났으므로 센카쿠 열도 또한 일본의 범위에서 밀려난 것이 분명했다. 일본의 패배와 함께 타이완은 중국령이 되었으나 오키나와는 미군이 통치하게 되었다. 미군은 센카쿠 열도를 관리하고, 구바 섬과 다이쇼 섬을 사격장으로 사용했다. 다이쇼 섬은 일본의 국유지였으므로 그대로 두었으나, 사유지인 구바 섬에 대해서는 오키나와의 지권자地權者와 마찬가지로, 지권자들과 임차계약을 맺었다(세리타 겐타로, 『일본의 영토』).

일본 외무성의 『일본 본토에 인접한 제 소도』 조사서

한편, 일본 외무성은 항복 후에 곧바로 강화를 위한 준비로, 일본에서 떨어져 나간 본토에 인접한 작은 섬들에 대한 연구를 시작해 1946년부터 『일본 본토에 인접한 제 소도 *Minor Islands Adjacent to Japan Proper*』라고 제목을 붙인 6권의 조사서를 작성했다.

이 문서를 미국에 제출했지만 대부분이 비밀문서로 취급되었다. 이미 소개한 「제1부. 쿠릴 열도, 하보마이 군도 및 시코탄 섬」(1946년 11월)은 하라 기미에 씨가 오스트레일리아 공문서관에서 발견한 문서였다. 「제2부. 류큐와 기타 남서 제도」(1947년 3월)는 일본 외무성의 사료관에서 예외적으로 공개했다. 이 문서를 보면, "사키시마先島 제도의 북쪽에 있는 Sento Islands는 무인도로, 중요성은 거의 없다"고만 설명되어 있다. 이 Sento Islands가 센카쿠 열도일 것이다. 일본 정부는 강화 후에도 오키나와를 미국이 지배할 것이라고 각오했으므로, 센카쿠 열도에 관해서는 거의 관심을 기울이지 않았던 것 같다(〈그림 16, 17〉). 아무리 그렇다 해도 섬 이름을 바르게 쓰지 않은 것은 놀랍다.

「제3부. 오가사와라 제도, 이오우토」(1947년 3월)에 이어서 「제4부. 태평양의 제 소도, 일본해의 제 소도」(1947년 6월)를 제출했지만 제4부는 최근에야 열람할 수 있게 되었다. 제4부에 다케시마(독도)Liancourt Rocks와 울릉도Dagelet Islands를 다뤘다(〈그림 18, 19〉).

〈그림 16〉『일본 본토에 인접한 제 소도』「제2부. 류큐와 기타 남서 제도」표지

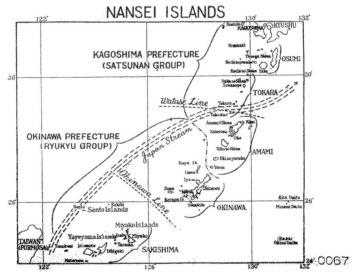

〈그림 17〉위 자료에 실린 지도 남서 제도.
지도 왼쪽 아래 Sento Islands의 왼쪽 섬은 Sento라고 쓰여 있고,
위쪽 섬은 Sekibi라고 쓰여 있다.

〈그림 18〉 『일본 본토에 인접한 제 소도』 「제4부. 태평양의 제 소도, 일본해의 제 소도」 표지

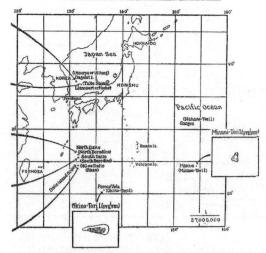

〈그림 19〉 위 자료에 실린 지도 울릉도와 다케시마(독도)

일본은 두 섬 모두 오랜 역사적·지리적 관계를 가졌다고 강조했다. 다케시마(독도)를 다룬 가장 오래된 일본 문헌으로, 1667년 『인슈시초갓키隱州視聽合紀』에 '송도'라는 이름으로 나온다면서, 다른 한편, "이 섬에는 조선식 이름이 없고, 조선에서 제작된 지도에도 실려 있지 않다"고 했다. 그리고 "1905년 2월 22일에 시마네 현 지사는 현의 선언으로 리앙쿠르 바위를 시마네 현 오키시마사隱岐島司의 소관으로 했다"고 적혀 있다.

울릉도에 대해서는 보다 자세하게 일본 본토와 지리학적 유사성이 있고, 식물의 집단에도 공통성이 있다며, 조선은 과거 이 섬을 영유했지만 공도정책空島政策을 펼쳐 일본이 진출하여 17세기 초기부터는 조선과 일본 사이에 영유권을 놓고 교섭을 벌였다고 쓰여 있다. 그래서 도쿠가와 막부는 일본인이 건너가지 못하도록 막았지만, 막부 말기부터 메이지 시대 초기에 걸쳐 일본 안에서 '송도'(울릉도) 개발을 주장하는 목소리가 높아졌다. 조선 정부는 일본의 움직임에 항의를 계속하면서 개발을 시도했지만 별로 성과를 거두지 못했다. 한국의 강제병합 이후 섬은 총독부의 지배 아래 들어갔다. 섬의 발전은 '아직 초기 단계'에 머물렀고, 주민들이 정착한 것은 '겨우 수십 년 전'에 지나지 않았다고 기록되어 있다.

이 사료를 미국의 국립문서관에서 처음 발견한 한국인 학자 정성화는, 내용 요약의 결론에 "조선 정부가 이 섬을 발전시키는 것은 능력에 버겁기 때문에 일본이 이 섬에 책임을 져야 한다"는 문장을 덧붙였다(정성화Sung-Hwa Cheong, 『한국의 반일 감정 정치*The Politics of Anti-Japanese Sentiment in Korea*』). 그러나 원문에는 이러한 문장이 없다. 그리고 정성화가 일본 집필자의 진의를 이처럼 짐작했다면, 어쩌면 제대로 파악했다고 말해도 좋을지 모르겠다. 다케시마(독도)와 함께 울릉도를 이 조사서에 실은 것 자체가 울릉도를 일본 영토로 남기고 싶다는 외무성 관계자의 은밀한 희망을 보여 주기 때문이다.

일본으로부터 독립한 조선, 미 군정 치하의 한국에서 1947년 8월 과도정부의 민정장관 안재홍의 후원으로 한국산악회가 울릉도와 독도를 조사했다. 맥아더 사령부의 명령으로 이 섬들이 일본 관할에서 제외되었으니 이제 조선의 섬이 되었다고 여겼을 것이다. 1948년 독도에 오른 한국 어민이 미군의 폭격 연습으로 사상하는 사건이 일어났다(현대송玄大松, 『영토 내셔널리즘의 탄생- '독도/다케시마' 문제의 정치학領土ナショナリズムの 誕生-「獨島/竹島問題の政治學』).

그리고 같은 해 8월 5일, 한국의 민간단체인 애국노인회는 「한일 간 영토 조정을 위한 요청문」이라는 청원서를 맥아더 사령관에게 제출했다. 이 문서의 초안은, 1919년 3·1독립선언을 기초하고 후에 친일파가 되어 일본의 전쟁에 협력을 호소하기도 했던 최남선이 작성했다. 청원서에서 첫째로 울릉도와 독도의 영유, 둘째 쓰시마의 인도를 요구했다. "울릉도와 그 부속 섬인 독도는, 역사적으로나 실질적으로 한국의 영토이다", 1905년 러일전쟁 때 독도를 일본 영토에 편입한 "행위는, 한국뿐 아니라 어느 나라에도 알리지 않고 은밀하게 이루어졌다. 비록, 한국이 그 사실을 알았다 하더라도 당시는 대항조치를 취할 수 없는 상태였다"고 했다. 이 청원서는 맥아더 사령부의 외교고문 시볼드가 워싱턴에 보내면서 이 내용을 일본 외무성의 『일본 본토에 인접한 제 소도』 제4부와 비교하라는 의견을 덧붙였다(정성화, 『한국의 반일 감정 정치』).

1948년 8월, 대한민국이 건국하고 이승만이 대통령이 되었다. 이 대통령이 가장 강도 높게 주장한 것은 쓰시마 요구였다. 그 의미는, 식민지 지배에 대한 배상으로 쓰시마를 할양하라는 점에 있었다. 1949년 새해 연설에서 이승만 대통령은, 전쟁 배상의 한 형태로 쓰시마의 인도를 요구한다는 성명을 발표했다(현대송, 『영토 내셔널리즘의 탄생』). 일본 외무성은 당황하여 1949년 7월 「쓰시마對馬」라는 영문 조사서를 작성해 미국에 보냈다. 이 조사서는 일본 외무성의 사료관에서 공개되었다(〈그림 20〉). 33쪽이나 되는 이 조사서는 한국과 일본 교류에서 쓰시마의 중요한 역할을 서술하면서, 처음부터 지금까지 쓰시마는 일본에 속한다고 강조했다. 부록으로 '쓰시마의 조선인 문제'를 다루면서, 쓰시마에 있는 조선인 2,921명은 모두 좌익계의 조련(재일조선인연맹) 조직원들이며, 이승만 대통령이 쓰시마를 요구하자 조련 또한 '제국주의적'이라고 비판했다고 하면서, 조청(재일조선청년총동맹)이나 조선인 학교 모두 공산주의자들이 지도하고 있으니 쓰시마가 그들의 밀입국 거

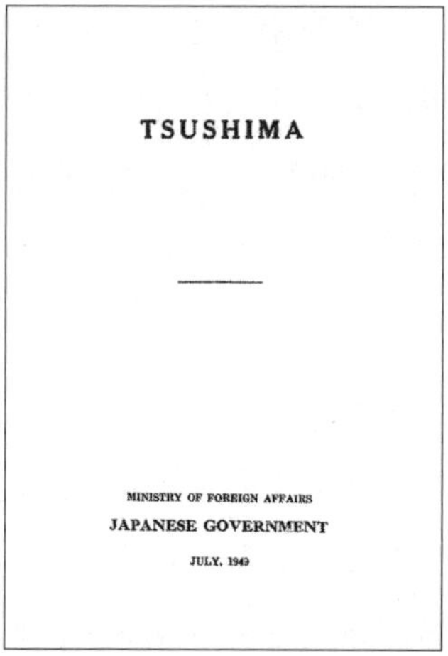

TSUSHIMA

MINISTRY OF FOREIGN AFFAIRS
JAPANESE GOVERNMENT
JULY, 1949

〈그림 20〉「쓰시마」 표지(일본 외무성, 1949년 7월)

점이 될 우려가 있다고 미국에 호소했다. 잘못 되더라도 쓰시마를 한국에 인도하지 말라는 호소였다.

일본 패전 후 독립을 쟁취한 한국은 울릉도와 독도를 자국 영토로 확보하고, 그 배상으로 쓰시마의 인도를 요구한 것이다. 이에 대해 일본은 다케시마(독도)와 울릉도에 특별한 관심을 보이면서도, 쓰시마 인도에는 단호히 거부했다. 이는 식민지가 독립할 때 부딪히는 영토 분할이라는, 심각한 문제의 한 사례였다.

이와 달리, 센카쿠 열도에는 일본이나 중국, 그 누구도 관심을 보이지 않았다. 중국에서는 1946년부터 국민당과 공산당 사이에 내전이 시작되었다. 일본과의 영토문제에 대해 관심을 가질 만

한 여유가 타이완으로 도망간 장제스蔣介石 정권에도 없었다.

샌프란시스코 평화조약에서의 처리

그 사이, 미국 국무성에서는 대일 강화 준비를 위해 1947년 3월 이후 수차례에 걸쳐 평화조약안을 작성했다. 이 안에는 영토 규정의 제1조에 일본의 영토가 열거되었고, 이어지는 조항에서 일본이 포기한 영토를 밝혀 적는 형식이었다. 이에 일관되게 '리앙쿠르 바위(독도. 다케시마)는 조선령'으로 인정한다고 되어 있다. 타이완의 부속 섬들을 열거한 부분에는 'Pinnacle(타이완명 카헤이 쇼Kahei Sho)'이 포함되어 있었다. 그러나 이 단어는 센카쿠 열도를 가리키는 것이 아니다. 일본이 포기해야 할 타이완의 규정에 센카쿠 열도가 포함된 적은 한번도 없었다. 이는 원본 사료를 검토한 쓰카모토 다카시塚本孝(「평화조약과 다케시마平和條約と竹島」)와 하라 기미에(『샌프란시스코 평화조약의 맹점サンフランシスコ平和條約の盲点』) 그리고 나도 확인한 사실이다.

영국과의 협의를 위해 국무성에서 작성한 1949년 11월 2일의 최종안에도 일본이 쿠릴 열도를 소련에 할양하고, 그와 함께 "조선을 위하여 조선 본토와 제주도, 거문도, 울릉도, 다케시마(독도)를 포함한 연안 제도에 대한 모든 권한을 포기한다"고 정해져 있었다. 하지만 이 안을 도쿄의 연합국군 최고사령부에 보내자,

외교고문 시볼드가 일본의 요청을 받아들여 북방 4도와 다케시마(독도)를 일본령으로 남기도록 수정하자고 제안했다. 다케시마(독도)에 대해서는 "일본에 귀속한다고 명확히 기록해야 한다"면서, 이 섬에 대한 "일본의 주장은 오래 되었고 또한 유효하며, 이 섬을 조선 연안의 섬으로 간주하기 어렵다. 안전보장을 고려해서라도 이 섬들에 기상과 레이더 기지를 세우는 것이 미국의 이익이 된다고 생각한다"고 그 이유를 설명했다.

이 수정 의견을 중요하게 여긴 국무성은 영토문제를 거듭 검토했지만, 소련을 상대로 쿠릴 열도의 정의를 바꿀 수 없어 쿠릴 열도 할양은 그대로 남겨 두고, 하보마이 군도와 시코탄 섬만을 일본령으로 하기로 했다. 한편, 한국이라면 뭐든 된다는 식으로, 시볼드의 의견을 특별한 검토도 하지 않고 다케시마(독도)를 일본령으로 한다고 수정했다. 12월 29일 수정안에는 일본의 영토를 열거하는 제3조 1항 안에 하보마이, 시코탄, 다케시마(독도)가 명확하게 포함되었다. 센카쿠 열도는 끝내 언급하지 않았다.

2010년에 대작 『독도 1947』을 출간한 한국의 연구자 정병준은, 시볼드가 다케시마(독도)에 대한 일본 외무성의 1947년 6월의 팸플릿 『일본에 인접한 제 소도 조사서』 제4부를 "바탕으로 제안을 했다는 것은 의문의 여지가 없다"고 지적했다. 아마도 이 말 그대로이겠지만, 시볼드 제안이 그때까지 다케시마(독도)를 한국령으로 하려던 미 국무성의 입장을 수정하게 할 만큼의 힘을 가졌다는 점에 대해서는 플러스 알파의 요인도 있었다고 보아야 할 것이다.

그후 영국안과의 조율이 이루어졌다. 영국의 4월 초안도 일본의 영토를 먼저 밝히면서 하보마이 군도와 시코탄 섬을 그 안에 넣었다. 다케시마(독도)는 조선에 귀속하기로 되어 있었다. 이 두 안을 절충하여 1951년 5월의 미영공동안이 되었고, 최종적으로 덜레스의 방침으로 새로 작성되었으며, 같은 해 7월의 조약문이 최종안이 되었다. 이 과정에서 일본 영토를 적극적으로 열거한 조항이 사라지고 일본 영토의 포기 조항만이 기록되었다. 조선 독립의 승인과 맞추어, '제주도와 거문도 및 울릉도를 포함한' 조선에 대한 일본의 권리 포기가 분명하게 기록되었다. 이 3도와 나란히 다케시마(독도)는 거론되지 않았지만, 다케시마(독도)가 일본령이라고 정확하게 기록하지도 않았다.

한국은 샌프란시스코 강화회의에 참가할 수 없었다. 최종 조약문을 보고 나서 한국 정부는 바로 쓰시마와 독도의 조선 귀속을 명시하도록 요구했다. 그러나 쓰시마에 대한 요구가 통하지 않음을 간파하고 독도의 귀속만큼은 분명하게 기록하도록 다시 요구했다. 이에 대해 1951년 8월 10일 러스크 국무차관보는, 독도 또는 다케시마는 "조선의 일부로 취급한 적이 한번도 없고, 과거 조선이 영유했다고 주장한 적이 있다고는 생각되지 않는다"며 수정을 거부했다(현대송, 『영토 내셔널리즘의 탄생』). 이는 시볼드 의견의 반복이었다. 정병준은 이때 미 국무성 내에서 이 문제를 연구한 정보조사국 지리담당 특별고문 보그스가 인용한 자료는 1947년의 일본 외무성의 조사서『일본에 인접한 제 소도』제4부가 유일했다고 지적했다. 러스크 차관보의 의견은 하나의 의견일지라도 평화조약의 문서로 보는 한, 다케시마(독도)에 대해 전혀 언급하지 않았으므로 다케시마(독도)를 일본령이라고 인정했다고도 할 수 없다. 물론 대한민국과 조선민주주의인민공화국이 참석하지 않은 샌프란시스코 평화조약에서, 일본으로부터 독립한 후의 조선과 일본 사이의 영토 분할을 결정할 수 없는 일이었다.

센카쿠 열도는 샌프란시스코 강화회의에서 전혀 문제가 되지 않았다. 오키나와가 미군의 점령 아래 일본에서 떨어져 나왔으므로, 오키나와와 타이완과 중국 사이에 있는 무인도라는 사실을 잊었던 것이다.

1952년 일본은 미국의 압력으로 타이완의 국민당 정부와 일화평화조약 교섭을 벌여 겨우 2개월 만에 조약에 서명했다. 일본은 중화민국에 대해 배상의무의 인정을 거부하는 등, 강압적인 태도로 일관했다. 영토문제는 제2조에서, 샌프란시스코 평화조약에서 인정한 타이완과 펑후 제도의 포기가 명문화되었을 뿐, 센카쿠 열도 문제 등은 교섭 중에 전혀 언급되지 않았다.

한일 간 독도=다케시마 논쟁

한국은 독도 영유를 계속 주장해 왔지만, 1950년에 한국전쟁이 시작되었다. 한국전쟁의 전세가 겨우 안정을 보이자, 한국 정부는 1952년 1월 18일, 이른바 이승만 라인을 설정하고, 출입금지 라인의 안쪽에 독도를 포함했다. 이에 일본 정부는 바로 1월 28일, 한국 정부가 다케시마(독도)에 대한 영토권을 주장하더라도 인정하지 않겠다는 항의 구상서를 보냈다.

1952년 2월 15일 점령군의 중개로 한일회담이 정식으로 시작되었다. 그러나 이 회담은 난항을 거듭했다. 1953년 10월, 제3차 회담의 분과회의에서 전권위원 구보타 간이치로久保田貫一郎가 발언한 내용에 대해 한국 측이 항의하자 한일회담이 결렬되었다.

구보타 전권위원은, 한국 측이 36년간 일본 지배에서 입은 피해에 대한 보상을 운운한다면 일본 측도 총독정치로 많은 이익을 얻은 한국에 대해 보상을 요구할 권리가 있다고 주장하면서, 일본이 점령하지 않았다면 한국은 다른 나라에 점령되어 더욱더 참혹한 상태에 빠졌을 것이라든가, 카이로 선언의 '조선의 노예 상태'라는 말은 '전쟁 중 흥분 상태의 표현'이라고 함부로 지껄였다. 당시 일본 외무성은 일본의 식민지 지배는 양국 간의 유효한 조약에 따른 합의관계이며, 조선에 많은 은혜를 베풀었으니 일본 측의 사죄나 반성이 전혀 필요 없다고 생각했다. 이와 같은 인식이, 식민지 지배를 끝낸 후의 일본 외무성의 인식이었다.

그러므로 다케시마(독도) 문제도 식민지 지배에서 벗어나 독립한 나라 사이에 벌어진 문제라는 인식이 아닌, 보통의 양국 간의 영토 싸움이라는 인식으로 대했다.

1953년 1월, 미군이 다케시마(독도)를 사격장으로 사용하는 것을 중지하자 독도=다케시마에 한국과 일본 양국이 드나들며 영토 표지를 세우고 상대측의 표지를 철거하는 등, 몇 차례 충돌을 일으켰다(현대송, 『영토 내셔널리즘의 탄생』). 일본은 서둘러 그해 7월 13일 「다케시마에 관한 일본 정부의 견해」라는 문서를 한국에 보냈다.

지금의 다케시마(독도)는 옛날 송도의 이름으로 우리나라에 알려져 있고, 그 영역의 일부라고 생각했다는 것은 문헌과 고지도를 보아도 확실하다. 다케시마(독도)가 일본 영토인 것은 국제법상에서도 의문의 여지가 없다. ─「독도관계 자료집」

이 문서의 날짜는 한국전쟁의 휴전협정 조인 2주일 전이었다.

한국은 한국전쟁의 정전이 실현되고 1개월 가량 뒤인 9월 9일에 회답을 보냈다. "진실된 역사적 사실은, 독도가 한국 영토의 일부임을 보여 주고 있다"고 하여, 사료에 근거한 주장을 펼쳤다. 이에 대해 일본 정부는 1954년 2월 10일 재반론을 보냈다. "(한국 측의) 문헌이나 사실의 인용은 부정확하고, 또한 이에 대한 해석도 오해로 가득차서 한국 측의 주장을 뒷받침하지 못한다"라고 일방적으로 단정한 뒤 세세하게 비판을 가했다.

그 가운데 특징적인 점은, 한국이 1904년과 1905년 일본의 조선 지배 움직임과 관련하여 '일본인 외교고문'을 억지로 들이도록 한 것, 전략적 관점에서 한국 영토의 어느 부분이라도 점령할 수 있다고 한 것에 대해, 일본은 (우리가) 보낸 '외교고문'은 일본인이 아니라 미국인이며, 러일전쟁에 즈음하여 '한국의 영토 보전의 목적'을 위해 필요한 지점을 '일시적으로 사용'하기로 결정한 것에 지나지 않는다고 일본의 지배 준비 사실을 부정했다. 다케시마(독도)를 자국령으로 선언한 사건은 조선의 지배를 확대하여 나라를 빼앗는 과정이었음을 완전히 부정하고, "다케시마(독도)의 일본 영유는 의문의 여지가 없다"고 주장했다.

이에 대해 1954년 6월 한국 정부는 독도를 일본의 침략으로부터 지키라는 명령을 내리고, 7월부터 경비대를 파견하여 점령했다(현대송, 『영토 내셔널리즘의 탄생』). 한국의 재재반론은 9월 25일에 발송되었다. 일본은 이미 이날 다케시마(독도) 문제를 국제사법재판소에 의뢰하자고 한국에 제안했다. 그러나 한국은 국제사법재판소에 의뢰할 이유가 없다고 하여 일본의 제안을 거부하는 구상서를 10월 28일에 보냈다.

일본은 1956년 9월 20일 세 번째 서한을 보내어, "다케시마(독도) 영유의 정당성을 결정하기 위한 가장 기본적인 문제는, 한일 양국의 어느 한쪽이 다케시마(독도)에 대해 일찍부터 정확한 지식을 가지고 그 영토의 일부라고 생각해 왔는가, 또한 실제로 그곳을 경영해 왔는가, 특히 그 어느 한쪽 정부가 다케시마(독도)에 대해 국제법상 필요한 영토 취득의 요건을 갖췄는지를 분명히 하는 데 있다"고 했다. 그리고 17세기 문헌부터 검토하여 한층 더 상세하게 주장을 펼쳤다. 한국은 한참 늦게 3년 후인 1959년에 이에 대한 회답을 보냈다.

이처럼 일본은 독도=다케시마 문제를 오로지 역사문헌의 논쟁으로 흑백을 가리려고 했다. 이 논쟁에서 일본은 끊임없이 주도적으로 스스로의 논의를 절대화시키고, 비타협적인 자세를 유지했다. 일본이 조선 전토를 식민지로 강제병합했던 15년 전까지의 역사는 외무성 관계자의 머리속에는 없었다. 하지만 이 문제에 관한 한국의 기본자세는, 1954년 9월 변영태 외무부 장관의 다음과 같은 말에 나타나 있다.

독도는 일본의 한국 침략에 대한 최초의 희생자이다. 일본의 패전과 함께 독도는 다시금 우리의 품에 안겼다. 독도는 한국 독립의 상징이다. 이 섬에 손을 대는 자는 우리 민족의 완강한 저항을 각오하라. 독도는 다만 몇 개의 바위 덩어리가 아니라 우리 민족의 영예의 닻이다. 이것을 잃어버리고 어떻게 독립을 지켜낼 수 있을 것인가. 일본이 독도를 탈취하려는 것은, 곧 한국에 대한 재침략을 의미하는 것임을 잊어서는 안 된다. ──현대송, 「영토 내셔널리즘의 탄생」

서한을 주고받으며 벌인 논쟁은 1959년 한국 측의 회답으로 끝이 났다.

한일국교 정상화와 영토문제의 유보

구보타 발언으로 결렬된 한일회담이 1958년에 미국의 중개로 다시 시작되었다. 1961년 박정희 정권 탄생 후 타결을 위한 분위기가 무르익었고, 마침내 1965년 6월에 한일조약이 조인되기에 이르렀다. 이 타결을 향한 교섭에서 일본은 다케시마(독도) 문제를 다시 끄집어냈다.

1962년 일본은 새삼 다케시마(독도) 문제에 대한 구상서를 한국에 보내면서, 다케시마(독도)는 "옛날부터 일본의 고유영토라고 지금까지 분명히 해 왔다"고 하고, "메이지 초기에도 일본국 정부는 다케시마(독도)를 일본의 고유영토로 인식했다"고 말했다. 소련과의 교섭에서 창작한 '고유영토'라는 말이 이번에는 한국과의 교섭에 등장했다.

한편, 박 정권은 독도를 실효지배하는 상태라 이 문제를 논의하는 것을 계속 피했다. 이 이야기를 시작하면 전면으로 대립할 것이 분명해, 그 점이 싫었다.

1962년 9월 3일 예비 절충하는 자리에서, 일본 외무성 이세키伊關 아시아국장은, 그 섬은 '무가치한 섬'이라고 하면서 일본은 국제사법재판소에 제소했으면 한다고 밝혔다. 한국은, "중요하지도 않은 섬이고 한일회담의 의제도 아니니까 국교 정상화 후에 토의하는 방식으로 다루자"고 주장했다(현대송, 『영토 내셔널리즘의 탄생』). 이와 같은 대립은 오랫동안 계속되었다.

로 다니엘Roh Daniel은 『다케시마 밀약竹島密約』에서, 이 같은 대립을 조정한 것은 사토 수상의 뜻을 받은 고노 이치로河野一郞와 김종필 국무총리의 형 김종락이 매듭지은 밀약이라고주장했다. "다케시마·독도 문제는 해결하지 않았는데 해결했다고 생각한다. 따라서 조약에서는 언급하지 않는다"가 주요 문장이며, "양국 모두 자국의 영토라는 주장을 인정하고, 동시에 그에 대한 반론에 이의를 달지 않는다. 한국은 현상을 유지하고 경비대의 증강이나 시설의 신설과 증설을 하지 않는다"와 같은 항목이 포함되었다고 한다. 이 '밀약'은 외교문서적으로는 확인되지 않는 성격의 문서이지만, 1965년 조약 타결 직전에 양국 정부가 〈분쟁 해결에 관한 교환공문〉을 정리하는 과정이 외교문서 공개에서 밝혀졌다.

한일기본조약은 1965년 2월 20일 서울에서 가조인假調印이 이루어졌다. 남은 대립점을 좁혀 정식 조인의 전망을 보인 것은 6월 16일이었다. 이튿날인 17일, 일본 정부는 한일조약과 협정의 해석

실시에 관한 분쟁과 독도의 주권에 관한 분쟁에 대해서는 외교상의 경로를 통해 해결하고, 합의할 수 없으면 제3국 대표를 내세워 중재위원회에 해결을 위임한다는 포괄적인 〈분쟁해결에 관한 교환 공문〉을 제안했다. 22일에 예정된 마지막 조인 때까지 필사적인 교섭을 벌여 '독도'와 관련한 문구를 덜어내고, 중재가 아니라 "양국 정부가 합의하는 수속에 따라 조정으로 해결하기로 한다"는 문안으로 결정되었다. 이와 같은 결과로 진행된 것은 앞서 '밀약'이 영향을 미쳤음을, 한국의 연구자 최희식 씨도 인정했다(『역사로서의 한일국교정상화歷史としての韓日國交正常化』 II, 2011년).

즉, 독도＝다케시마 문제는 한국의 실효지배를 일본 정부가 받아들이고, 또한 한국 정부가 일본을 자극하는 현상으로 몰고 가는 것을 자제하기로 전제하면서, 양국이 자국의 영토라는 주장을 계속함으로써 유보가 된 것이다. 최희식은 이를 '독도 모델'이라 부르고, 적극적인 영토문제 처리방식이라고 여겼다. 분명히 일본 측이 병합조약은 합법적이며 식민지 지배는 합법적인 조약에 근거하여 합의에 따라 이루어졌으므로, 반성도 사죄도 배상도 하지 않는다고 생각한 1965년의 시점에서는, 한일조약의 본체와 마찬가지로 비단벌레 날개색의 해결로 문제를 유보하는 것이 유일한 합리적 선택이었다고 할 수 있을 것이다.

중일국교 정상화와 영토문제의 유보

조선이 일본으로부터 독립하자마자 독도 문제가 제기되고 한국 국가가 성립된 직후부터 영토 주장이 이루어진 것과는 달리, 댜오위다오 문제는 일본과의 전쟁이 끝난 뒤, 중국 국민당 정권과 공산당 정권 그 어느 쪽에서도 제기하지 않았다. 국공 내전은 5년간 계속되었고, 장제스 정권은 타이완으로 도망쳐 꼭꼭 숨어 버렸으며, 한국전쟁이 시작되자 중국은 인민지원군을 한국으로 보내어 미국과의 전쟁을 2년 반이나 치렀다. 타이완의 운명은 잠시라도 사람들의 뇌리에서 사라진 적은 없지만, 그 앞의 댜오위 제도의 문제에 관심을 보인 중국인은 아무도 없었다. 미국의 점령하에 있는 오키나와에 어느 정도 관심을 가졌는지 매우 미덥지 않은 일본인도 센카쿠 열도에 대해서는 전혀 관심이 없고, 생각했던 적도 없었다. 1963년에 출간한 니노미야二宮 서점의 『고등지도책』에는 다케시마(독도)가 표시되어 있지만, 센카쿠 열도는 표시되어 있지도 않다.

　일본의 전쟁이 끝난 1945년 이후에 동북아시아와 동아시아에서는 새로운 전쟁의 시대가 이어졌다. 새로운 아시아 전쟁이 계속되는 동안 센카쿠 열도는 망각의 대상이었다. 그러나 베트남 전쟁 와중의 1968년 ECAFE(유엔 아시아 극동경제위원회)의 보고서에서 센카쿠 열도 해역에 석유 매장량이 풍부하다고 발표하기에 이르렀고, 비로소 중국과 타이완 그리고 일본이 댜오위다오와 센카쿠 열도에

250

대해 관심을 보였다. 바야흐로 미일 정부의 오키나와 시정권(施政權, 신탁통치 지역에 대하여 입법·사법·행정의 3권을 행사하는 권한) 반환 교섭이 기본합의에 도달하던 때였다. 1969년 11월 사토·닉슨 회담에서 오키나와 반환이 합의되었다.

그렇게 되자 미국이 쥐고 있던 센카쿠 열도가 어떻게 될지에 대한 관심도 생겨났다. 1970년 타이완 정부는 센카쿠 열도의 영유를 주장하면서, 퍼시픽 걸프Pacific Gulf 사에 이 지역의 광업권을 주겠다고 먼저 치고 나왔다. 이에 미국 시정권 아래의 오키나와가 대항했다. 1970년 8월 31일 류큐 정부 입법원에서 「센카쿠 열도의 영토 방위에 관한 요청 결의」에서 처음으로 영유권을 주장하고, 이튿날 9월 1일 류큐 정부는 「센카쿠 열도의 영토권에 대하여」라는 성명을 발표했다. 1971년에 들어서자 타이완 외교부에서 4월 20일과 6월 11일에 대항 성명을 발표했다. 그리고 마침내 중화인민공화국 정부가 12월 30일 성명에서 댜오위 제도에 대한 중국의 영유권을 주장했다. 줄곧 침묵을 지키던 일본 정부는 1972년 3월 8일에 공식 성명을 발표했다. 5월 15일 오키나와 시정권 반환을 눈앞에 둔 때였다.

그리하여 1945년 일본의 관할에서 벗어나 누구에게도 주목받은 적이 없던 센카쿠=댜오위 제도가 갑자기 각광을 받았다. 오키나와·타이완·중국 정부가 영유권을 주장했고, 마지막으로 일본 정부가 오키나와 시정권 반환으로 센카쿠 열도의 영유권을 회수하면서 이제부터 일본 영토라고 선언했다. 사실, 미국은 센카쿠 열도의 관리권을 일본 정부에 넘겨주었다. 그리고 이때부터 새로운 일본의 실효지배가 시작되었다.

오키나와 시정권의 일본 반환으로부터 4개월이 흐른 뒤, 다나카 가쿠에이 수상과 오히라 마사요시 외상의 일본 정부 대표단이 베이징을 방문해 9월 29일, 중일공동성명을 발표함으로써 중화인민공화국과의 국교를 수립했다. 타이완의 국민당 정부와 맺은 일화日華평화조약은 종료되고, 외교관계 또한 단절되었다.

이 과정에서 저우언라이周恩來 총리는 본 교섭에 앞서서, 7월 27일 다케이리 요시카쓰竹入義勝 공명당 위원장에게 "센카쿠 열도 문제를 언급할 필요는 없다. …… 유전 문제로 역사학자가 문제 삼았는데, 일본에서는 이노우에 기요시 씨가 열성적이더라. 이 문제는 무겁게 볼 필요가 없다"라고 말했다. 9월 26일 본 교섭에서는 오히라 외상에게 "센카쿠 문제에 대해서는 이번에는 이야기하고 싶지 않다. 지금 그 이야기를 하는 것은 좋지 않다. 석유가 나오니까 문제가 되었다. 석유가 나오지 않았다면 타이완이나 미국도 문제 삼지 않았을 것이다"고 했다(이시이 아카리石井明 외 편,『기록과 고증 일중국교 정상화記錄と考證 日中國交正常化』). 즉, 중일국교 수립에 즈음하여 영토문제는 유보한다는 방침이 제시되어 논의가 이루어지지 않았던 것이다.

이어서 1978년에 중일평화우호조약 조인 당시 덩샤오핑鄧小平

252

은 8월 10일, 소노다 스나오團田直 외상에게 "이 같은 문제에 지금 골몰할 것이 아니다. 옆에 방치해 놓고 나중에 차분하게 토론하고, 쌍방이 모두 받아들일 수 있는 방법을 여유 있게 상의하는 것이 좋다. 지금 세대가 방법을 찾아내지 못하면 다음 세대, 그리고 그 다음 세대가 방법을 찾아낼 것이다"(이시이 아카리 외 편, 『기록과 고증 일중 국교 정상화』)라고 말했다. 이때도 유보방침이 제시되었던 것이다.

이는 1965년의 한일국교 정상화 때의 '밀약'보다는 약하지만, 그 정신에서는 '독도 모델'을 채택했다고 볼 수 있다.

독도＝다케시마 문제의 폭발 이후

사태가 급변한 시기는 2005년이다. 다케시마(독도) 문제를 둘러싸고 격렬한 폭풍이 불어닥쳤다. 그해 3월 16일, 시마네 현의회는 1905년 2월 22일에 다케시마(독도)의 영유 선언 100주년을 기념하여 2월 22일을 '다케시마의 날'로 하는 조례를 제정한 것이다. 이 사건이 한국의 격렬한 반발을 불러일으켰다.

바로 이 해가 일본이 한국을 보호국으로 한 을사늑약으로부터 100년임을 생각하면 한국의 반응은 당연했다. 한국은 1987년, 4반세기 동안 계속된 군사정권에 대한 민주혁명이 성공했다. 그 영향으로 일본에서도 과거 역사에 대한 반성이 진행되었고, 1995년 8월 15일에는 조선을 염두에 두고 식민지 지배로 수많은 사람들에게 손해와 고통을 안겨주었음을 인식하고, 반성하며 사죄한다는 내용으로 무라야마 도미이치村山富市 수상이 담화를 발표했다. 이 담화가 1998년 오부치 게이조·김대중의 한일공동선언에 포함되기에 이르렀다. 이러한 일본의 변화를 전제로 한국의 분노가 폭발했던 것이다. 식민지 지배를 반성한다면 독도 문제에 대한 태도 또한 바꾸는 것이 정상이었다. 한국이 보인 반응의 의미는 곧 다케시마(독도) 문제의 본질과 연관 있었다. 영토문제 유보의 시대가 끝났던 것이다.

다케시마(독도) 조례 제정을 추진한 인물은, 현의회 의원 호소다 시게오(細田重雄, 자민당 의원. 전 관방장관 호소타 히로유키細田博之의 동생)가 회장을 맡은 '다케시마 영토권확립 시마네현의회 의원연맹竹島領土權確立島根縣議會議員連盟'이다.

이 의원연맹은 2002년에 발족했지만 그 배후에는 다케시마(독도) 주변 해역에서 조업 승인을 받았지만 한국 어선의 방해로 충분히 조업할 수 없다는 시마네 현의 어업 관계자의 불만이 있었다. 의원연맹 간사장 조다이 요시로우上代義郎는, 지금까지 한국에 억류된 어민이 4,000명, 나포된 배가 300척 이상, 사상자 40명 이넘는다고 하면서, 이번 행동은 '다케시마 문제의 풍화風化를 걱정해서 한 행동'이라고 주장했다. 어민으로서는 나름대로 누르기 힘든 요구가 있었을 것이다.

한편, 시마네 현은 '환일본해협력추진環日本海協力推進'의 중심 현

가운데 하나이며, 특히 한국의 경상북도에 본부를 둔 '동북아자치
단체연합(북동아시아 지역자치제연합, NEAR:The Association of North East
Asia Regional Government)'의 일본 측 창구이다. 시마네현립대학에는
동북아시아 지역연구센터(NEAR 센터)가 있으며 경북대학과는 자
매대학이다. 당연히 이러한 조례 제정에 시마네 현의 내부에서도
비판의 소리가 있었을 것이다.

이에 2005년 3월 17일, 국가안전보장회의 상임위원회 성명을
통일부 장관 정동영 씨가 발표했다. 이 성명에서, 독도는 '과거의
식민지 침략 과정에서 강제적으로 편입되었지만, 해방을 맞아 회
복한 우리 영토'라고 규정했다. 이 규정은 일본인에게, 올바르지
않은 인식을 완전히 없애는 근본적인 문제 해결부터 생각해야 한
다고 재촉하는 의미였다.

일본 국내에서는 한국의 이 같은 반응에 대항하는 움직임이
일어났다. 다케시마(독도) 문제를 교과서에 싣도록 하고, 북방영토
와 마찬가지로 '우리나라의 고유영토'로 표기하라는 압력이 더욱
거세졌다. 2005년 검인정檢認定을 신청하여 2007년부터 채택된 고
등학교 교과서, 지리 A·B, 현대사회, 정치경제 등에 관련 서술이
늘어나고, '고유영토'라는 말이 정면으로 드러났다. 이는 지금까지
거의 찾아볼 수 없는 일이었다. 이번에는 이러한 일이 한국의 분노
를 불러일으켰다.

독도=다케시마 문제가 격화되고, 그에 대한 대항조치가 한

국에서 높아짐에 따라, 일본에서도 여러 가지 주장이 제기되었다. 유보방식, '독도 모델'은 더 이상 기능할 수 없었다. 이 문제를 해결되지 않으면 한일관계가 더욱 악화될지도 모르는 정세가 되었다.

2010년 9월 7일, 중국 어선이 센카쿠 열도에 접근해 정지를 요구한 일본 해상보안청의 순시선에 정면으로 부딪혀 도주하는 과정에서, 선장 일행이 체포되는 사건이 발생했다. 일본 정부가 선장을 검찰로 송치해 기소하려 하자 중국 정부는 강하게 항의하고 맹렬한 대항조치를 취했다. 중일관계는 극도로 긴장되었다. 일본 국내에서는 자위대가 섬 방위를 해야 한다는 주장이 더욱 커졌다. 2012년 4월 16일, 이시하라 신타로 도쿄 도지사가 워싱턴에서, 도쿄 도에서 센카쿠 열도를 사들인다는 방침을 밝혔다. 이에 14억 엔의 기부금이 모인 것을 보더라도 여론의 흥분상태를 짐작할 수 있다. 일본 정부는 국가 매입을 추진하지 않을 수 없게 되었다. 유보방식은 여기에서도 이미 제 기능을 다하지 못했다.

그리고 2012년 8월에 위기가 찾아왔다. 다케시마(독도)와 댜오위다오에서 동시에 영토문제가 불거졌고, 일본 정부와 국민은 큰 충격을 받았다.

제9장

영토문제 해결의 길

북방 4도 문제 해결의 3원칙

나는 제7장에서 다음과 같은 북방 4도 문제 해결을 위한 3원칙을 내걸었다.

첫째, 양국이 이 문제와 관련하여 맺은 조약·협정·선언·공동성명을 중요하게 여기고 철저하게 살릴 수 있도록 지혜를 짜내는 것이다.

둘째, 문제가 되는 섬의 현재 상태, 즉 현상現狀과 섬 주민들의 생활은 되도록 유지해야 한다는 것이다.

셋째, 섬과 그 주변의 바다와 해저 자원을 폭넓게 생각하여, 대립하고 있는 일본과 러시아에 되도록 이익을 공평하게 안겨주는 방향으로 해결책이 발전되어야 한다.

이 3원칙을 적용하여 생각한 해결책은 다음과 같다.

북방 4도 문제의 해결안

제1원칙에서, 우선 샌프란시스코 평화조약에서 일본이 이투루프
섬과 쿠나시르 섬을 포기했음을 상호 확인하고, 평화조약 교섭을
시작한다. 러일 양국 간의 조약문서로는 1956년의 일소공동선언
제9항, 영토 조항을 가장 중요하게 여겨야 한다. 그 문서에 "소련
은 일본국의 요망에 응하고 또한 일본국의 이익을 고려하여, 하보
마이 군도 및 시코탄 섬을 일본국에 인도하는 것에 동의한다"는
규정을 최대한으로 활용할 수 있다. 이 규정에서 "2도는 인도해 받
고, 나머지 섬은 러시아가 영유하는 것에 대해 일본은 이의를 제
기하지 않는다"고 하면서, 다시 한 번 더 생각하여 "일본의 요망에
응하고 또한 일본의 이익을 고려하여" 2도가 아니라, 3도를 인도
해주지 않겠는가라고 교섭하는 것이 가능하다.

즉, 먼저 하보마이와 시코탄 섬에 구나시리 섬도 인도해 달라
고 교섭하는 것이다. 4도 반환이 아니라, 3도 인도를 목표로 교섭
하는 것이다. 경우에 따라 구나시리 섬의 분할을 요구하는 것도
가능하다. 구나시리 섬 문제에 대해서 온힘을 다해 교섭하고, 그
래도 이 문제를 받아들이지 않는다면 다음은 구나시리 섬과 시코

탄의 공동경영을 제안하는 것이 좋다고 생각한다.

제2원칙에서, 시코탄 섬의 인도 후 러시아인 주민들이 원한다면 지금처럼 섬에 계속 살고, 지금과 같은 생활이 가능하도록 하는 것이 반드시 필요하다. 이를 위해 시코탄 섬을 국유지화하는 것이 필요하다. 시코탄 섬의 러시아 주민에게는 ① 러시아 국적을 유지할 수 있도록 할 것, 희망에 따라 일본 국적을 취득하더라도 이중국적을 인정할 것, ②계속해서 구나시리 섬의 남 쿠릴 지구의 행정에 따르는 것을 인정할 것, ③러시아 국민으로서의 권리와 의무를 이어가는 것을 보장할 것 등이다. 이를 위해서도 구나시리 섬과 시코탄 섬의 공동경영체제를 만드는 것이 바람직하다.

제3원칙에서 보더라도 쿠나시르 섬과 시코탄 섬의 공동경영체제를 지향해야 한다. 이를 위해 러일 양국의 관계기관 대표로 구성하는 공동경영위원회를 꾸릴 필요가 있다. 이 두 섬은 완전하게 비군사화되어야 한다. 공동경영의 기둥은 자연환경보호이며, 구체적으로는 자연환경보호 활동과 연구, 에코 관광과 자원보호 어업이다. 일본인 인력이 필요하다면 시코탄 섬에 이주시키고, 나아가 쿠나시르 섬에도 이주를 추진하는 것이 필요하다. 쿠나시르 섬과 시코탄 섬을 러시아인과 일본인이 어우러져 살아가는 땅, 협력의 땅으로 만드는 것이 바람직하다.

또한 하보마이 군도는 러시아 주민이 없으니 국유지화하여, 시보쓰 섬에 옛 4도 주민 가운데 다시 이주하기를 희망하는 사람

들을 위해 새로운 마을을 만들고, 몇 개의 섬을 아이누 문화박물
관으로 만들 수 있다.

독도＝다케시마 문제와 센카쿠＝댜오위 제도 문제

독도＝다케시마 문제와 센카쿠＝댜오위 제도 문제는 관계국 간에
영토문제가 존재하지 않는다고 인식하면서 교섭을 거부하고 있다
는 점, 섬에 사는 주민이 없고 면적이 작은 무인도의 문제라는 점
에서 북방 4도 문제와는 그 성격이 다르다.

　　우선 실효지배하고 있는 측인 한국과 일본은, 각각 상대측이
영토를 요구한다는 사실을 인정하고 영토문제가 존재하는 이상,
교섭에 따라 해결을 꾀할 것을 명확히 해야 한다. 다케시마(독도)
에 대해 일본이 '고유영토'라 주장하고, 댜오위 제도에 대해서는
일본과 중국이 '고유영토'라고 주장하지만, 고유영토라는 표현을
사용하는 한 상대국의 지배를 '불법 점거', 나아가 '침략'이라고 부
르게 되고, 군사적 수단을 배제하지 않을 수 없다. 군사적인 수단
을 절대적으로 배제해야 하는 한일·중일 관계에서 '고유영토'론을
버리고 영토문제의 존재와 교섭의 필요성을 인정하고, 교섭에 따
라 해결을 꾀한다는 합의가 필요하다. 국제사법재판소의 제소를
한국이 거부하는 것은, 국제사회에 한국의 독도 지배의 부당성을
일방적으로 표출하는 모양새가 되어 오히려 대립이 격화되는 효

과밖에 없다.

그렇다면 북방 4도 문제 해결에서 생각했던 3원칙을 이 두 가지 문제에 적용할 수 있을까?

이 두 가지 문제에 대해서는 암묵적일지라도, 국교정상화 시점에서 서로 문제 유보를 인정해 왔지만 이제 한일 간에는 그 유보를 부정하기에 이르렀다. 그러나 한국과 일본 사이에는 한일조약 당시에 맺은 〈분쟁 해결에 관한 교환공문〉이 존재한다. 이를 활용하여 서로 대화를 추구하는 것이 목적에 맞다. 그러나 그렇게 한다면 일본은, 한국 정부가 한국 헌법재판소의 판결에 따라 청구권협정 제3조에 근거하여 요구해 온 위안부 문제에 대한 협의에 응할 수밖에 없다. 실제로 한국 정부가 이 교환공문을 이용하여 대화에 응하는 것도 어려울 것 같다. 그러므로 어떠한 형태로든 대화를 하려는 것이 필요하다.

일본과 중국 사이에는 활용할 수 있는 어떠한 조약문서도 존재하지 않는다. 그러나 중국이 과거의 유보방식을 제안했다는 사실이 있다. 그러므로 유보방식을 지금 중국이 어떻게 생각하는지를 타진해 가면서 신중하게 교섭하는 것이 중요하다. 무엇보다도 중국이 어떠한 상태를 요구하는지 정확하게 파악하는 것이 필요하다.

두 가지 문제에서는 주민들이 없으므로 현상 유지의 제2원칙에서 본다면 섬의 실효지배를 어떻게 볼 것인가에 다다른다.

분명히 확인할 수 있는 것은, 독도=다케시마는 일본이 1905년 1월 이래로 1945년 8월 15일까지 40년 동안 이 섬을 영유했다는 점, 일본의 패전과 조선의 독립 후 연합국군 최고사령부가 1946년 1월 일본의 관리에서 제외했던 점, 1952년에 이승만 라인의 안쪽에 독도를 포함한 뒤 몇 차례 분쟁이 있었지만 1954년부터 한국이 경비대를 보내 확보했으며, 이후로 오늘날까지 58년 동안 실효지배를 계속하고 있다는 점이다. 일본이 영유한 시간보다 긴 기간 동안 한국이 실효지배를 해 왔다.

　　이 한국의 실효지배는 해방 직후부터의 영유권 주장에 근거한다. 그 주장의 핵심은 1905년 1월 일본의 다케시마(독도) 영유는, 조선 침략을 시작하면서 5년 후 강압적인 한국 병합의 전조로 행해졌다는 점에 있다. 일본에서 이 주장을 논박하는 것은 불가능하다. 그리고 이 주장에 따른 독도 지배는 한민족이 존재하는 한, 대한민국이 존재하는 한 절대 철회되는 일은 없을 것이다. 한국이 국제사법재판소에 제소하는 것에 동의하지 않는 것도 바로 이 때문이다.

　　이상의 상황을 생각하면 조선 식민지 지배를 반성하는 일본으로서는, 다케시마(독도)가 '일본의 고유영토'이고, 한국의 지배는 '불법 점거'라고 주장하는 것은 도의道義라고는 전혀 없는 행동이라 하지 않을 수 없다. 일본은 다케시마(독도)에 이어 한민족의 소중한 국토, 한반도를 불법 점령하여 자국의 영토로 삼아 버리고,

끝내 35년 뒤에 돌려줄 수밖에 없었다. 이에 대해 한국인과 대화를 해 보면 답이 저절로 나올 것이다. 한국이 실효지배하는 독도=다케시마에 대한 주권 주장을 일본이 단념하는 것밖에는 다른 길이 없다. 이 결단은 **빠르면 빠를수록 좋다**. 이룰 전망이 없는 주장을 계속해서 한일관계, 일본인과 한국인의 감정을 점점 더 악화시키는 것은 어리석음의 극치이다.

물론 제3원칙의 관점에서, 한일 양국민의 이해利害의 조화를 이루기 위해 독도=다케시마 주변 해역의 어업에 시마네 현 어민이 참가하는 권리를 보장하는 것과, 독도가 한국령이지만 이 바위섬을 경제수역의 기점으로 하지 않음을 합의해야 할 것이다.

센카쿠=댜오위 제도에 대해서는 일본이 1895년 1월 이후로 1945년까지 50년 동안 영유했던 점, 패전과 함께 일본의 관리에서 제외되어 미군의 통치하에 놓였던 점, 1972년에 시정권이 반환되어 일본이 관리하게 되었고, 제2의 실효지배가 40년 동안 계속되었다는 점이 확인된다. 이에 대해 중국과 타이완 등은 영유권 주장을 일본의 패전 직후에 제기한 적이 없고, 일본의 제2 실효지배가 시작되기 전날 밤에 제기한 것으로 알려졌다.

중국의 적극적인 영토 요구는, 오로지 오래전 시대의 역사자료에 따른 주장으로 일관하고 있다. 1895년 일본의 영유에 대해서는 청일전쟁에서 일본이 이 열도를 '몰래 가로채었다'는 주장도 있지만, 일본의 센카쿠 열도 영유와 청일전쟁이 본질적으로 연결되었다고는 볼 수 없다. 그렇다 해도 이러한 주장이 등장하고, 영토문제를 역사문제로 연결하는 것이 이미 현실로 벌어지고 있어 중국 국민의 설득이 쉽지 않다는 것은 각오해야 한다.

여하튼 1972년 이후 일본의 실효지배는, 중국이 영토문제의 유보를 제안했기에 최근까지 평온하게 계속되어 왔으므로, 이 현상을 존중하는 것을 토대로 하여 평화적인 교섭을 통해 문제를 해결하도록 중국을 끈질기게 설득하는 것이 필요하다.

중일 양국민의 이해의 조화를 꾀하려면 당연히 센카쿠 열도의 일정 구역에서 중국 어민의 어업권을 적극적으로 보장하고, 해저 석유자원이 있다면 일본과 중국은 공동개발을 추진해야 한다. 비록 중국이 해군력을 증강하고, 힘으로 영토 분쟁을 해결하려는 것 아닌가 하는 의혹이 드는 상황이지만, 그와 같은 일은 있을 수 없으며, 있어서는 안 된다는 입장으로 센카쿠 열도 문제 교섭을 평화적인 문제 해결의 본보기로 추진해야 한다. 독도=다케시마 문제 해결을 먼저 꾀한다면 센카쿠 열도 문제에 대한 중일 교섭에 좋은 영향을 기대할 수 있을 것이다.

군사적 해결을 부정하고 평화적 교섭으로

일본과 한반도, 중국 사이의 바다에 있는 섬을 둘러싼 영토문제의 해결은 이 바다의 평화를 지키기 위해 결정적으로 중요하다. 두 가지 영토문제를 연결하여 함께 해결할 수 있는 방책을 추진할 필요가 있다. 독도=다케시마 문제는 일본이 한국의 영유권을 인정하면 해결되겠지만, 센카쿠=댜오위 제도 문제는 일본의 영유권을 중국이 인정해야만 완전한 결말을 볼 수 있어, 결코 쉬운 일이 아니다. 먼저 일본의 실효지배를 존중하고, 그 다음에 교섭을 추진하게끔 중국을 설득해야 할 것이다. 그 설득이야말로 중일관계의 장래를 결정짓는 일이다.

일본은 근대에 들어 50년간 전쟁을 계속해 왔다. 청일전쟁을 시작으로 북청사변, 러일전쟁, 칭다오 전쟁(독일과의 전투), 산둥출병, 만주사변, 중일전쟁, 대동아전쟁에 이르기까지 일본의 전쟁 모두 중국을 상대로 한 침략전쟁이었다. 이 50년에 걸친 전쟁의 시대는 일본의 패배로 끝났지만, 중국의 인민들에게 일본이 패배했다는 사실 또한 부인할 수 없다. 따라서 1945년 8월 15일 이후, 일본은 평화국가로 새롭게 태어나는 방향으로 나아갔지만, 평화국가의 근본 원칙은, 일본은 또다시 중국 사람들에게 총을 겨누지 않는다는 중일 부전不戰의 서약에 있다.

중국은 지난 30년 동안 눈부신 경제성장을 이룩했으며, 국력이 발전하고 그와 함께 군사력도 증대했다. 힘을 가진 자는 힘으로 대외정책의 실현을 이루려는 유혹에 이끌린다. 50년간 일본의 전쟁 시대는 바로 그러한 역사였다. 일본의 침략으로 망국의 위기를 경험하고 강한 대국으로 우뚝 선 중국은 일본의 전철을 밟는 일만은 어떻게든 피해야 한다. 이 점을 중국인에게 설득할 책임이 일본 국민에게 있다. 센카쿠=댜오위 제도 문제 해결을 위해 합리적이며 올바른 방법을 찾도록 호소하는 것은, 중국 국민과의 이 크나큰 토론에서 중요한 첫 걸음이라고 생각한다.

최대의 영토문제는 무엇인가

일본이 안고 있는 동북아시아의 영토문제는 세 가지라고, 지금 거의 대부분의 사람들이 이해하게 되었다. 이 책도 그러한 맥락에서 설명해 왔다. 그러나 샌프란시스코 평화조약을 맺은 뒤 해결되지 않은 영토문제의 첫 번째는 오키나와 문제이고, 두 번째가 하보마이와 시코탄 문제이다.

하라 기미에는 미국은 처음부터 오키나와를 안정적으로 보유하기 위해 일본이 다른 나라들과의 영토문제를 떠맡도록 샌프란시스코 평화조약에서 영토 규정을 애매하게 했다는 주장을 제기했다(『샌프란시스코 평화조약의 맹점』). 그 시대에 일본이 영토문제를 제기할 때, 오키나와 문제에 어떤 영향을 미치는가의 관점에서 미국의 통제가 가해졌던 것은 사실이다. 1972년 5월, 오키나와 시정권의 반환이 이루어져 오키나와 문제는 영토문제의 중심에서 그 모습을 감추었다. 그러나 오키나와가 본토로 복귀했다고 미군이 점령한 오키나와의 해방이 실제로 이루어졌을까?

오키나와는 그 끔찍한 오키나와 전투에서 미군 54만 명의 공격을 받아 일본군 장병 9만 명이 전사하고, 오키나와 주민 9만 명이 사살되어 굴복했다. 오키나와 전체가 미군에게 점령되고, 미군 정하에서 사유지가 몰수되었으며 미군 기지가 세워졌다. 시정권은 반환되었지만, 오키나와의 18퍼센트를 차지하는 미군 기지는 아직 반환되지 않았다. 후텐마普天間의 해병대 비행장 반환이 현재 문제가 되고 있지만, 단적으로 말하면 패전 후 65년 동안 계속된 미군 기지로부터 오키나와의 해방이 지금 문제의 핵심이다. 이 말은, 동북아시아 최대의 영토문제는 여전히 오키나와 문제라는 것이다.

북방 4도 문제나 독도=다케시마 문제는 오키나와 문제와 밀접하게 연관되어 있다. 미국은 제3의 중요한 참가자였다. 그러므로 북방 4도 문제, 독도=다케시마 문제 해결은 오키나와의 문제 해결에도 좋은 영향을 미칠 것이다. 또한 센카쿠=댜오위 제도 문제 해결은 오키나와 문제 해결과 곧바로 연결될 것이다. 오키나와의 미군 기지는 동아시아와 동북아시아의 안전보장에도 매우 중요한 부분이므로 일본인과 중국인의 대화, 중일 정부 간의 교섭이 문제 해결의 핵심이라 할 수 있다.

내가 이 책을 만난 것은, '동아시아 출판인회의'라는 작은 모임과
의 인연에서였다. 2005년, 동아시아 4국 5지역 —한국, 중국, 일
본, 타이완, 홍콩—의 출판인과 편집자를 중심으로 대학교수를 포
함한 작은 회의조직을 구성하여, 매년 2회씩 정기적으로 각 지역
을 순회하면서 모임을 가져 왔다. 이 모임은 궁극적인 목표로 '동
아시아독서공동체'의 재현을 내걸고 있다. 과거 동아시아에서 존
재했던 독서공동체, 즉 서적을 '공유'하여 같은 서적을 '읽는' 관계
를 유지하면서, 이를 바탕으로 동아시아 각 지역이 독자적으로 심
화시켜 온 지적 풍토의 전통을 되살리자는 취지였다. 그런데 중국
에서 개최하기로 했던 2012년 봄 회의가 이른바 영토문제가 촉발
되면서, 즉 일본 정부의 센카쿠 열도 국유화 선언에 따라 중국 내

에서 반일 시위가 격화되면서 개최지를 변경하지 않을 수 없었다.

이러한 사태를 맞아 구성원 모두는, 영토문제가 단순히 각국 간의 정치적 문제가 아니라 동아시아의 평화를 위협할 수도 있는 중대한 현실이라는 점을 그 어느 때보다도 자각하게 되었다. 그리고 그해 겨울 일본을 방문했을 때, 동아시아 출판인회의의 일본 측 멤버인 류사와 다케시(龍澤武, 전 헤이본샤 편집국장, 현재 도쿄대 특임교수) 선생에게서 이 책을 소개받았다. 류사와 선생은, 이 책이 일본의 영토문제에 관한 훌륭한 연구서이며, 일본의 (진보적) 지식인들의 영토문제에 대한 생각을 잘 표현한 책이라고 설명해 주었다. 대학에서 일본의 사회와 문화를 가르치고 있는 나는, 그 무엇보다도 서문의 다음 구절에 크게 공감했고, 그 공감이야말로 이 책을 번역한 계기가 되었다.

세 나라와의 영토문제는 모두 8·15 패전에서 비롯된다. 3·11 사태로 8·15의 상황이 과거의 것이 되어 버린다면, 8·15에서 비롯된 해결하지 못한 문제를 서둘러 해결해야 한다. 그러한 의미에서 나는, 어떻게 해서든 영토문제의 해결을 서둘러야 한다고 생각했다.

그러려면 지금까지의 영토문제에 대한 생각과 정책을 엄격하게 다시 돌아보고, 거짓이나 궤변이 있다면 그것을 도려내야 한다. 잘못된 점이 있다면 확실하게 바로잡아야 한다. 지금은 일본의 전후戰後 정치와 전후 체제 모두를 다시 검토해야 하며, 영토문제는 바로 그 주요 대상이다. 영토문제의 논의에서도 정신혁명이 필요하다.

다시 말해, 일본과 관련된 세 가지 영토문제는 결국 일본의 패전에서부터 귀결되었고, 그 패전의 과정에서 일본이 내세워 온 '궤변'을 수정하기 위해서는 '정신혁명'이 필요하며, 영토문제를 해결하려면 일본의 이른바 전후 정치 또는 전후 체제를 재검토해야 한다고 확신하는 저자의 견해에 공감했던 것이다. 물론 저자의 구체적인 주장들은 다시 한 번 더 검토해야 할 부분이 있지만, 이 책은 일본 내에서 영토문제에 관한 지식인들의 주장을 심도 있게 살펴볼 수 있는 기회를 마련해 주리라 믿는다. 이 책을 읽는 독자 여러분도 바로 그 점에 유의하여 읽어 준다면, 이 책을 번역한 의미가 살아나리라 생각한다.

저자 와다 하루키和田春樹 선생은 1938년 오사카에서 태어나 1960년 도쿄대학 서양사학과를 졸업하고, 1966년부터 도쿄대학 사회과학연구소 교수로 재직하다가 1998년에 정년퇴직한 소련사·러시아사 전공 학자이다. 와다 선생의 주요 연구 분야는 민중 관점에서 본 공산주의, 소련 붕괴와 공산주의의 와해, 한국과 북한의 현대사 등 다방면에 걸쳐 있으며, 이에 관한 수많은 업적을 남겼다. 이처럼 옛 소련이나 공산주의에 관한 연구와 함께, 좌익·시민운동 활동으로도 유명하며, 행동하는 일본의 대표적 진보 지식인으로서 한국에도 잘 알려져 있다. 2010년에는 전남대학교에서

'제4회 후광 김대중학술상'을 받았다. 옛 소련과 러시아의 역사를 전공하는 서양사학자가 행동하는 양심으로 동아시아의 평화를 기원하는 간절한 마음으로 써내려간 글을 읽으면서, 다시 한 번 일본의 패전과 우리의 '해방'의 의미를 되새겨보는 기회가 되기를 바라는 마음이다.

이 책의 번역을 탈고한 후, 일본을 방문한 날이 공교롭게도 2013년 2월 22일 —일본 시마네 현이 제정한 이른바 '다케시마의 날' —이었다. 곳곳에서 일본 우익들의 반한反韓 시위가 벌어지고 있었고, 특히 일본 한류의 현장인 도쿄의 '신오쿠보' 거리에도 어김없이 시위가 벌어지고 있어 착잡한 심정으로 그 모습을 지켜보았다. 또한 센카쿠 국유화 문제로 일본과 홍콩이 공동으로 제작하던 대작 영화의 제작 중지가 발표되었다. 그러나 한편으로는, 러시아의 블라디보스토크에서 일본 자동차의 생산 출하가 시작되어 러일 협력의 새로운 시대가 열렸다는 신문 기사가 1면에 실리기도 했다. 그 기묘한 현장에서 아직 끝나지 않은 일본의 '완전한' (패)전후' 처리가 이루어질 날을 기대하면서 귀국 비행기에 올랐다.

2013년 초봄
임경택

필자의 저작

和田春樹, 『北方領土問題を考える』, 岩波書店, 1990

_____, 『開國 － 日露國境交涉』, 日本放送出版協會, 1992

_____, 「日ソ戰爭」『講座スラブの世界8 スラブと日本』, 弘文堂, 1995

_____, 『北方領土問題 － 歷史と未來』, 朝日新聞社, 1999

_____, 「東アジアの領土問題に關する日本の見方」(韓國國際政治學會シンポジウムで
の報告) 2007. 11. 22.(http://www.wadaharuki.com)

전체와 관계된 문헌

末澤昌二·茂田宏·川端一郎 編著, ラヂオプレス 編·監修, 『日露(ソ連)基本文書·資料集
(改訂版)』, RPプリンティング, 2003

Tsuyoshi Hasegawa, *The Northern Territories Dispute and Russo-Japanese
Relations*, Vol. 1 *Between War and Peace, 1697-1985*; Vol. 2 *Neither War
nor Peace, 1985-1998*, University of California Press, 1998

Kimie Hara, *Japanese-Soviet/Russian Relations since 1945: a difficult peace*,
Routledge, 1998

木村汎, 『遠い隣國 － ロシアと日本』, 世界思想社, 2002

서문

宮崎龍介·小野川秀美 編, 『宮崎滔天全集』 第二卷, 平凡社, 1971

제1장 위험한 '고유영토'론

『われらの北方領土』, 外務省, 1987, 1991, 1992, 2000, 2010

外務省, 『終戰史錄』, 新聞月鑑社, 1952

國立國會圖書館國會會議錄檢索システム

日本外務省文書 重光全權より高惣大臣あて電信, 「日ソ交渉に關する件」, 1956년 7월 31
　　일 발신

V. P. Safronov, *SSSR-SShaA-Iaponiia v gody "kholodnoi voiny", 1945-1960 gg.* (냉전
　　기의 소련·미국·일본), Moscow, 2003

제2장 우리는 패전으로 영토를 잃어버렸다

小和田恆, 『外交とは何か』, 日本放送出版協會, 1996

Istochnik, 1995, No. 4

橫手愼二, 「第二次大戰期のソ連の對日政策 1941~1944」 『法學研究』 (慶應義塾大學) 71
　　권 1호, 1998년 1월

『參謀本部所藏 敗戰の記錄』, 原書房, 1989

日本外務省文書, 「ポツダム宣言受諾關係」, 第一卷

東鄉茂德, 『時代の一面― 大戰外交の手記』, 中公文庫, 1989

『木戸幸一日記』 下卷, 東京大學出版會, 1966

長谷川毅, 『暗鬪―スターリン, トルーマンと日本降伏』 上·下, 中公文庫, 2011 (원작은 미국
　　에서 2005년 출판되었고, 일본어 번역서는 2006년 中央公論新社에서 출간되었다.)

『鈴木貫太郎自傳』, 時事通信社, 1968

高木惣吉寫, 實松讓 編,『海軍大將米內光政覺書』, 光人社, 1978

細川護貞,『細川日記』, 中央公論社, 1978

NHKスペシャル,「原爆投下－活かされなかった極秘情報」(2011년 8월 6일 방영)

麻田貞雄,「原爆投下の衝擊と降伏の決定」, 細谷千博他 編『太平洋戰爭の終結－アジア・
　　　　太平洋の戰後形成』, 柏書房, 1997

「松本俊一手記」, 外務省,『終戰史錄』收錄

富塚淸,『八十年の生涯の記錄』, 私家版, 1975

Russkii arkhiv. Velikaia Otechestvennaia, Vol. 18(7-1), Moscow, 1997(『ロシア・アル
　　　　ヒーフ 大祖國戰爭』18卷)

防衛廳防衛研修所戰史室,「北東方面陸軍作戰(2)」, 朝雲新聞社, 1971

ボリス・スラヴィンスキー,『千島占領－1945年夏』, 共同通信社, 1993

NHK取材班 編,「一億玉碎への道－日ソ終戰工作」, 角川書店, 1994

Rossiya i SSSR v voinakh XX veka. Kniga poter' (20세기 전쟁에서 러시아와 소련),
　　　　Moscow, 2919

제3장 포기한 지시마에 에토로후 섬·구나시리 섬은 포함되지 않는다는 궤변

Japan's Northern Territories, Foreign Ministry, Japan, 1992

吉田茂,「回想十年」第三卷, 新潮社, 1957

『サン・フランスシコ會議議事錄』, 外務省, 1951

Encyclopedia Britanica, London, 1929

イギリス外務省ミルワード調書, FO371/92546

塚本孝,「米國務省の對日平和條約草案と北方領土問題」「レファレンス」, 1991년 3월호

Haruki Wada, "The San Francisco Peace Treaty and the Definition of the Kurile
　　　　Islands", *Japan and Russia: The Tortuous Path to Normalization, 1949-1999*,
　　　　Edited by Gilbert Rozman, St. Martin's Press, New York, 2000

Encyclopedia Americana, Vol. 16, New York, 1925

Minor Islands Adjacent to Japan Proper. Part I. The Kurile Islands, the Habomais and Shikotan, Foreign Office, Japanese Government, November 1946

原貴美惠,『サンフランシスコ平和條約の盲点－アジア太平洋地域の冷戰と「戰後未解決の諸問題」』,溪水社, 2005

Entsiklopedicheskii slovar', Peterburg: Brokgaus-Efron, 1896

Bol'shaia Sovetskaia entsiklopediia, Moscow, 1937

The Northern Islands: Background of Territorial Problems in the Japanese-Soviet Negotiations, Public Information Bureau, Ministry of Foreign Affairs, Japan, 1955

北方領土問題對政策協會,『增補改訂 北方領土問題資料集』, 1972

「四十七年度版中學校敎科書の編集, 檢定の實態」『敎科書レポート』15호, 1971

『高等地圖帳』, 二宮書店, 1963, 1973

『新詳高等地圖 最新版』, 帝國書院, 1963, 1973

제4장 두 조약 중 문제가 있는 번역문을 이용하다

和田春樹,「'北方領土'問題についての考察」『世界』, 1986년 12월호

中嶋嶺雄,「ゴルバチョフが投げる'對日戰略'の不氣味な變化球」『現代』, 1986년 12월호

伊藤憲一,「北方領土'二島返還論'を疑う」『諸君!』, 1987년 2월호

和田春樹,「千島列島の範圍について」『世界』, 1987년 5월호

箕作家文書, 國立國會圖書館憲政資料室

AVPR, f. SPB GA, I-9, op. 8, 1825 g., d. 17, ch. II, 11. 163-226(ロシア外交文書館史料)

古賀謹一郎,「古賀西使日記」『大日本古文書 幕末外國關係文書』, 付錄之一, 東京帝國大學, 1913

『日本外交文書』第七卷, 第八卷

日本外務省文書「樺太千島交換一件」

井黑彌太郎,『黑田淸隆』, 吉川弘文館, 1977

村山七郎, 『クリル諸島の文獻學的研究』, 三一書房, 1987

A. Polonskii, *Kurily*, Sankt-Peterburg, 1871 (「千島誌」, 寺澤一・和田敏明・黑田秀俊 編
『北方未公開古文書集成』第七卷, 叢文社, 1969)

長谷川毅, 『北方領土問題と日露關係』, 筑摩書房, 2000

木村汎, 『日露國境交涉史－領土問題にいかに取り組むか』, 中公新書, 1993

孫崎享, 『日本の國境問題－尖閣・竹島・北方領土』, ちくま新書, 2011

松本俊一 著, 佐藤優 解説, 『日ソ國交回復秘錄－北方領土交涉の眞實』, 朝日新聞出版,
2012

제5장 일본과 소련의 교섭 역사는 냉전의 드라마였다

鳩山家文書

米國立公文書館文書 NA, 110. 12-HO/10-355, 555; NA, 661. 491/2-455; NA, 661. 94/6-
255; NA, 661. 94/10-2055; NA, FE file, Lot60D330, 56D225, 56D256, Box 7

Foreign Relations of the United States, 1952-1954, Vol. XIV

Foreign Relations of the United States, 1955-1957, Vol. XXII, pt. 1

Istochnik, 1996, No. 5

『フォーサイト』, 1993년 8월호

『續 重光葵手記』, 中央公論社, 1988

松本俊一, 『モスクワにかける虹－日ソ國交回復秘錄』, 朝日新聞社, 1966

久保田正明, 『クレムリンへの使節－北方領土交國涉 1955~1983』, 文藝春秋社, 1983

田中孝彦, 『日ソ國交回復の史的研究－戰後日ソ關係の起点 : 1945~1956』, 有斐閣, 1993

梶浦篤, 「北方領土・琉球歸屬問題をめぐる米國の戰略 1941~1956」, 東京大學博士論文,
1993년 제출

朝日新聞, 「檢證・昭和報道」取材班, 『新聞と「昭和」』, 朝日新聞出版, 2010

「モスクワの日ソ國交交涉」(日ソ交涉通譯野口芳雄メモ) 『政治記者OB會報』 90호, 2005
년 3월

日本外務省文書,「日ソ共同宣言關係疑問擬答」, 1956

NHKスペシャル,「北方領土－解決の道はあるのか」2011년 2월 13일 방영

제6장 놓쳐 버린 최대의 기회

東鄕和彦,『日露新時代への助走－打開の鍵を求めて』, サイマル出版會, 1993

栗山尚一,「わが國の對ソ外交に對する基本的立場」『外交フォーラム』, 1989년 4월

日露外務省,『日露間領土問題の歷史に關する共同作成資料集』, 1992

枝村純郎,『帝國解體前後－駐モスクワ日本大使の回想 1990~1994』, 都市出版, 1997

Iaponiia i Rossiia-K istinnomu vzaimoponimaniiu, Foreign Ministry, Japan, 1996

丹波實,『日露外交秘話』, 中央公論新社, 2004

佐藤和雄・駒木明義,『檢證 日露首腦交涉－冷戰後の模索』, 岩波書店, 2003

鈴木宗男・佐藤優,『北方領土「特命交涉」』, 講談社, 2006

東鄕和彦,『北方領土交涉秘錄－失われた五度の機會』, 新潮社, 2007

제7장 북방 4도 문제의 해결

岩下明裕,『北方領土問題－4でも0でも, 2でもなく』, 中公新書, 2005

Sotsial'no-ekonomicheskoe polozhenie Kuril'skikh ostrovov 2005, 2008, 2009 gg.
　　Statisticheskii sbornik (『クリル諸島の社會經濟的會狀態 2005, 2008, 2009年 統計集』), Iuzhno-Sakhalinsk, 2010

제8장 독도=다케시마 문제와 센카쿠=댜오위 제도 문제

井上淸, 「「尖閣」列島-釣魚諸島の史的解明」, 現代評論社, 1972

內藤正中・金柄烈, 「史的檢證竹島・獨島」, 岩波書店, 2007

堀和生, 「1905年日本の竹島領土編入」 「朝鮮史硏究會論文集」 24호, 1987년 3월

池內敏, 「竹島/獨島論爭とは何か」 「歷史評論」, 2012년 5월호

「日本海內竹島外一島地籍編纂伺」 「公文錄」, 1877년 3월, 國立公文書館

內藤正中・朴炳涉, 「竹島＝獨島論爭」, 新幹社, 2007

下條正男, 「竹島は日韓どちらのものか」, 文春新書, 2004

芹田健太郎, 「日本の領土」, 中央公論社, 2002

Minor Islands Adjacent to Japan Proper. Part I. The Kurile Islands, the Habomais
    and Shikotan, Foreign Office, Japanese Government, November 1946

外務省文書, 「對日平和條約關係準備硏究關係」, 第1卷

NA, 740.0011PW(PEACE)11-749, 1949, 2249(米國國立文書館)

FO371/92546(英國公文書館)

Minor Islands Adjacent to Japan Proper. Part II. Ryukyu and other Nansei Islands,
    Foreign Office, Japanese Government, March 1947

Minor Islands Adjacent to Japan Proper. Part IV. Minor Islands in the Pacific, Minor
    Islands in the Japanese Sea, Foreign Office, Japanese Government, June 1947

Tsushima, Ministry of Foreign Affairs, Japanese Government, July 1949

石井明・朱建榮・添谷芳秀・林曉光 編, 「記錄と考證 日中國交正常化・日中平和友好條約
    締結交涉」, 岩波書店, 2003

Sung-Hwa Cheong, *The Politics of Anti-Japanese Sentiment in Korea: Japanese-
    South Korean Relations Under American Occupation, 1945-1952*, New York:
    Greenwood Press, 1991

塚本學, 「平和條約と竹島(再論)」 「レファレンス」, 1994년 3월호

玄大松, 「領土ナショナリズムの誕生-「獨島/竹島問題」の政治學」, ミネルヴァ書房, 2006

정병준, 「독도1947」, 돌베개출판사, 서울, 2010

高崎宗司, 『檢證 日韓會談』, 岩波新書, 1996

ロー・ダニエル, 『竹島密約』, 草思社, 2008

崔喜植, 「韓日會談における獨島領有權問題-韓國と日本外交文書に對する實證的分析」, 李鍾元・木宮正史・淺野豊美 編著, 『歷史としての日韓國交正常化II』, 法政大學出版局, 2011

大韓民國外務部, 『獨島關係資料集(I)-往復外交文書(1952-1976)』, 1977

塚本孝, 「竹島領有權をめぐる日韓兩國政府の見解」 『レファレンス』, 2002년 6월호

日本外務省情報文化局, 「竹島の領有權問題の國際司法裁判所への付託につき韓國政府に申入れについて」 『海外調査月報』, 1954년 11월호

제9장 영토문제 해결의 길

和田春樹 コラム, 『ハンギョレ』, 2005년 3월 21일

若宮啓文コラム, 「風孝計」 『朝日新聞』, 2005년 3월 27일

高崎宗司, 「歷史問題を輕視してはならない」 『世界』, 2005년 5월호

岩下明裕, 『北方領土問題-4でも0でも, 2でもなく』, 中公新書, 2005

芹田健太郎, 「竹島を'消す'ことが唯一の解決法だ」, 『中央公論』, 2006년 11월호

大泰司紀之・本間浩昭, 『知床・北方四島-流水が育む自然遺産』, 岩波新書, 2008

孫崎享, 『日本の國境問題-尖閣・竹島・北方領土』, ちくま新書, 2011

東郷和彦・保阪正康, 『日本の領土問題-北方四島, 竹島, 尖閣諸島』, 角川oneテーマ21, 2012

전 근대 시기의 사건들

1618년 (1625년)	돗토리 번의 상인이 막부의 허가를 얻어 매년 1회 '울릉도'로 건너가 전복을 채취하다
1693년	쓰시마 번, 조선과 '울릉도' 문제로 교섭
1696년	막부, '울릉도'는 조선의 섬이라고 하여 섬 출입을 금지하다
1792년	러시아의 락스만 사절, 홋카이도에 도착. 표류민 다이코쿠야 고다유 등을 송환하고 개국 통상을 요구하다
1804년	러시아의 레자노프 사절, 나가사키로 와서 개국 통상을 요구하지만 이듬해 추방되다
1806~7년	레자노프의 부하, 쿠나시르 섬과 사할린 섬의 일본 병영 공격
1811년	쿠나시르 섬에서 러시아 함장 골로브닌이 체포되다
1813년	골로브닌 석방되어 귀국
1845년	영국의 군함 사마랑 호가 중국의 댜오위다오 측량, 이 섬 주위의 섬들을 'Pinnacle Islands'라고 이름 붙이다

근대에서의 국경 획정

1852년	페리 함대의 소식을 듣고 러시아도 푸탸틴 사절을 일본에 파견

1854년	3월 31일	미일화친조약 체결, 일본 개국
1855년	2월 7일	러일통호조약 체결, 쿠릴 열도에서는 이투루프 – 우루프 간 국경 획정
1868년		도쿠가와 막부 무너지고, 메이지 유신 정부 수립
1875년	5월 7일	'가라후토·지시마 교환조약' 체결. 일본 가라후토의 영유 부분을 러시아에 할양, 북 지시마 획득
1876년	2월 26일	조일수호조약 체결, 조선 개국
1877년	3월 29일	일본의 태정관 결정, 울릉도 외 1도(독도)는 일본 영토가 아니라고 선언
1884년		오키나와의 상인, 아호우 새 포획을 위해 댜오위다오 등을 일본령으로 할 것과 개척 허가 청원
1894년	6월 23일	일본군, 한성(서울) 점령. 청일전쟁 시작
	7월 23일	일본군, 조선 왕궁을 공격하여 점령
	8월 1일	일본과 청나라, 상호 선전포고
1895년	1월 14일	일본 정부, '무주지無主地' 댜오위다오 등의 영유 결정
	4월 17일	시모노세키下關 조약 조인, 일본이 타이완 획득
1904년	2월 6일	일본 해군, 조선 진해만 점령, 러일전쟁 시작
	2월 9일	인천에서 일본 해군, 러시아 함정 두 척 격침. 일본군 한성 점령
	2월 23일	대한제국에 한일의정서 서명 강요
	8월 22일	일본, 대한제국에 외교와 경찰 등 3고문을 받아들이게 하다
	9월 29일	돗토리의 어민 나카이 요사부로, 리양코 섬(독도)의 일본 편입과 섬의 대여를 청원
1905년	1월 1일	뤼순 함락
	1월 22일	시마네 현, 다케시마의 영유 공시
	9월 5일	포츠머스 조약, 조선에 대한 지배권을 인정하고, 남 사할린을 할양하게 하다
	11월 17일	을사늑약으로 일본, 조선을 식민지배
1906년	3월	일본의 다케시마 영유 결정이 조선 측에 전달

| 1910년 | 8월 29일 | 조선 병합 조서. 일본, 한반도 전체의 영유 선언 |

제2차 세계대전 · 일본 패전 전후

1941년	4월 13일	일소중립조약
	12월 8일	일본, 미·영에 선전 포고, '대동아전쟁' 시작
1943년	11월 6일	대동아공동선언
	11월 27일	미·영·중 정상의 카이로 선언
1945년	2월 11일	미·영·소 정상, 얄타 회담에서 비밀협정 조인
	7월 10일	고노에 후미마로를 특사로 소련에 파견하기로 결정
	7월 26일	미·영·중 정상의 포츠담 선언
	8월 6일	히로시마에 원자폭탄 투하
	8월 8일	소련, 대일 선전포고
	8월 9일	소련군, 대일 공격 시작. 최고전쟁지도회의 구성원회의 개최. 나가사키 원자폭탄 투하, 어전회의에서 포츠담 선언을 조건부로 수락하기로 결단
	8월 14일	포츠담 선언의 수락을 연합국(미·영·중·소)에 통고. 소련 극동군 총사령관, 북 쿠릴 상륙작전 준비와 실시 명령
	8월 15일	일왕, 방송으로 항복 발표, 트루먼, 〈일반명령 제1호〉 안을 스탈린에게 제안
	8월 16일	스탈린, 지시마 열도를 소련의 점령지역에 포함할 것을 요구
	8월 17일	트루먼, 쿠릴 열도의 소련 점령 승인
	8월 18일	소련군, 북 지시마의 점령 시작
	8월 28일	소련군, 남 지시마의 점령 시작
	9월 1일	소련군, 쿠나시르 섬과 시코탄 섬 점령
	9월 2일	미주리 호 함상에서 시게미쓰 외상이 항복문서에 조인
	9월 3일	소련군, 하보마이 군도 점령

1946년	1월 29일	연합국군최고사령부 훈령 〈SCAPIN 제677호〉에서 북방 4도, 다케시마·오키나와가 일본 범위에서 제외되다
	2월 2일	소련 최고회의 간부회령에 따라 남 사할린·쿠릴 열도·하보마이 군도는 러시아 공화국에 병합
	2월 11일	미·영·소 3국, 얄타 협정 공표

샌프란시스코 평화조약까지

1946년	11월	외무성 조사서 『일본 본토에 인접한 제 소도』 「제1부. 쿠릴 열도, 하보마이 군도 및 시코탄 섬」
1947년	3월	외무성 조서 『일본 본토에 인접한 제 소도』 「제2부. 류큐와 기타 남서 제도」. 미 국무성 H. 버튼의 대일 평화조약안 (이투루프와 쿠나시르 섬은 일본에 남기며, 독도는 포기)
	6월	외무성 조서 『일본 본토에 인접한 제 소도』 「제4부. 태평양의 제 소도와 일본해의 제 소도」
	8월	한국산악회, 독도 조사
1948년	8월 5일	한국의 애국노인회, 맥아더 사령부에 독도 반환과 쓰시마 할양을 요구하다
	8월 15일	대한민국 건국
	9월 9일	조선민주주의인민공화국 건국
1949년	1월 1일	이승만 대통령, 배상으로 쓰시마 인도를 요구
	1월 8일	미 국무성 H. 버튼의 신 대일 평화조약안(전과 동일)
	7월	외무성 조사서 「쓰시마」
	10월 13일	미 국무성의 대일 평화조약안(전과 동일)
	11월 2일	미 국무성의 대일 평화조약안(하보마이, 시코탄, 다케시마를 포기시키다)
	11월 14일	시볼드 GHQ 외교고문, 4도와 다케시마를 일본에 남기라고

		건의
	12월 29일	미 국무성의 대일 평화조약안(하보마이, 시코탄, 다케시마는 일본령)
1950년	3월 23일	대일 평화조약 영미안(지시마 포기, 다케시마는 기재하지 않음), 연합국에 송부
	6월 25일	한국전쟁 발발
1951년	9월 4일	샌프란시스코 강화회의에서 요시다 시게루 전권대사, 시코탄 섬 및 하보마이 군도를 포기하지 않는다고 표명
	9월 8일	샌프란시스코 평화조약 체결
	10월 19일	니시무라 조약국장, 국회에서 지시마는 북 지시마와 남 지시마를 포함한다고 답변
1952년	4월 28일	일화평화조약 체결(타이완 포기는 규정, 센카쿠 열도는 언급하지 않음)

독도 논쟁

- -

1952년	1월 18일	이승만 라인 설정, 라인 안에 독도 포함
	1월 28일	일본 정부, 한국 정부에 다케시마 영유권을 인정하지 않는다고 항의
	2월 15일	점령군의 중개로 한일회담 시작
1953년	1월	미군이 다케시마를 사격장으로 사용하는 것을 중지하고, 이후 다케시마에서 한일 간 충돌이 일어나다
	7월 13일	일본, 한국에 문서 「다케시마에 관한 일본 정부의 견해」를 보내다
	7월 27일	한국전쟁 정전 협정 조인
	9월 9일	한국 측의 회답 "역사적 사실의 진실은, 독도가 한국 영토의 일부라는 것을 보여주고 있다"
	10월 21일	제3차 한일회담, 전권위원 구보타 간이치로의 발언으로 결렬

1954년	2월 10일	일본, 재반론
	6월	한국 정부, 주둔경비대를 파견하여 독도 지배
	9월 25일	한국, 재재반론. 일본, 다케시마 문제를 국제사법재판소에 의뢰
		하자고 한국 측에 제안, 한국 거부(10월 28일)
1956년	9월 20일	일본, 제3차 다케시마 의견을 보내다

일본과 소련 교섭

1955년	4월 20일	미국의 극동문제 담당 국무차관보 대리 시볼드, 일본은
		'남 지시마를 요구해도 좋다'는 의견을 일본에 전하게 하다
	5월 24일	일소 교섭의 마쓰모토 전권대사에 대한 〈훈령 제16호〉 결정
	6월 3일	일소 교섭, 런던에서 시작
	8월	소련, 2도 인도 회답. 외무성, 4도 반환 요구의 신新 훈령
	11월 15일	자유당·민주당 합당, 4도 반환을 당 방침으로 하다
1956년	7월 31일	시게미쓰 외상, 일소 교섭을 모스크바에서 시작
	8월 12일	시게미쓰, 소련안 2도 인도로 평화조약 체결 결단
	8월 13일	임시 각료회의에서 시게미쓰의 판단 거부
	8월 19일	덜레스 미 국무장관은 런던에서, 2도 인도로 평화조약을
		맺는다면 미국은 오키나와를 반환하지 않을 것이라 시게미쓰를
		위협
	9월 7일	미국, '이투루프 섬과 쿠나시르 섬은 언제나 고유영토이다'라는
		각서
	9월 20일	자민당 총무회는 2도 즉시 반환, 2도 계속 교섭의 선에서
		평화조약을 맺는다는 신 당론 채택
	9월 29일	마쓰모토·그로미코 교환문서
	10월 12일	하토야마 소련 방문, 교섭 시작
	10월 19일	일소공동선언, 일본과 소련 국교 수립

1957년	5월 23일	미 국무성, 쿠릴 열도라는 말은 하보마이 군도, 시코탄 섬, 또는 쿠나시르 섬, 이투루프 섬을 '포함하지 않으며, 포함하려고 의도하지도 않았다'고 단언하는 서한을 소련에 보내다
1960년	1월 19일	미일안보조약 조인
	1월 27일	그로미코 서한, 2도 인도의 실현을 불가능하게 하는 새로운 사태라고 지적
1961년	10월 3일	중의원 예산위원회에서 이케다 수상 '지리상의 대발견' 피력

한일조약 체결

1958년	3월 1일	한일회담이 미국의 중개로 재개
1959년	1월 7일	한국, 제3차 독도 견해를 일본에 보내다
1960년	4월 19일	한국 학생혁명, 이승만 정권 타도
1961년	5월 16일	박정희 장군의 군사 쿠데타
1962년	7월 13일	일본, 다케시마 문제의 견해를 한국에 보내다, '고유영토'론 명기
1965년	1월	한일 양국 정부, 다케시마 밀약을 맺다
	2월 20일	한일 기본조약 가조인
	6월 17일	일본 정부, 다케시마 문제를 포함하여 〈분쟁 해결에 관한 교환 공문〉 제안
	6월 22일	한일 조약·협정, 교환 공문 조인

오키나와 반환과 중일 국교정상화

| 1968년 | | ECAFE, 센카쿠 열도 해역에 해저 유전층이 있다고 발표 |
| 1969년 | 11월 | 사토·닉슨 회담에서 오키나와 반환 합의 |

1970년	8월 31일	류큐 정부 입법원, 센카쿠 열도의 영유권 주장
	9월 1일	류큐 정부, 「센카쿠 열도의 영유권에 대하여」라는 성명 발표
1971년	4월 20일	타이완 외교부, 대항 성명
	6월 11일	타이완 외교부, 다시 대항 성명
	12월 30일	중국 정부, 댜오위 제도에 대한 중국의 영유권 주장
1972년	3월 8일	일본 정부, 공식성명 「센카쿠 열도의 영유권 문제에 대하여」를 발표
	5월 15일	오키나와 시정권 반환(일본 정부, 센카쿠 열도의 영유권 회수)
	9월 26일	저우언라이 중국 주석, 오히라 외상에게 영토문제 유보 방침 제시
	9월 29일	중일공동성명. 중일 국교수립. 일화평화조약 파기
1978년	8월 12일	중일평화우호조약 조인. 덩샤오핑, 영토문제 유보 방침 시사(8월 10일)

북방 4도 문제 해결의 기회

1985년	3월	소련, 고르바초프 서기장에 취임
1989년	3월	도쿄에서 평화조약 교섭을 위한 제1차 일소 작업 그룹 회합
1991년	4월	고르바초프, 일본 방문
	12월	소비에트사회주의공화국연합 종언. 소련 공산당 해산, 소련 대통령 해임
1992년	3월	코지레프 외상 일본 방문, 전후로 러시아의 새로운 제안을 일본에 전하다
	9월	러일 외무성의 영토문제 공동자료집 간행. 일본 외무성은 러시아어 팸플릿 『일본의 북방영토』 간행. 옐친, 방문 직전에 일본 방문 취소
1993년	10월	옐친 일본 방문. 4도 귀속문제 해결에 대한 도쿄 선언

1997년	7월 24일	하시모토 수상, 경제동우회 강연
	11월	크라스노야르스크에서 러일 수뇌 비공식 회담('2000년까지 평화조약을 맺자'고 합의)
1998년	4월	가와나에서 러일 정상 비공식회담. 일본 측, 가와나 제안 제시
2000년	1월 1일	푸틴이 옐친의 뒤를 이어 잠정暫定 대통령에 취임
	9월	푸틴 일본 방문. 가와나 제안 정식 거부
2001년	3월 25일	이르쿠츠크에서 모리·푸틴 공동성명(2도 반환, 2도 교섭)
2002년	4월	도고 가즈히코, 외무성 면직되고 망명
	5~6월	사토 마사루와 스즈키 무네오, 체포되다

영토문제의 분출·위기

1992년	2월	중국, 영해법 수정, 타이완과 댜오위다오 등 부속도서는 중화인민공화국에 속한다고 추가 기입하다
2004년	3월 24일	중국인 활동가가 댜오위다오에 상륙, 일본은 그를 체포하고 불법 입국자로 강제 송환
2005년	3월 16일	시마네 현 의회, 2월 22일을 '다케시마의 날'로 하는 현 조례를 제정
	3월 17일	한국, 국가안전보장회의 상임위원회 성명, 독도는 '해방되면서 회복한 우리 영토'라고 발표
2006년	12월 13일	아소 외상, 중의원 외무위원회에서 4도를 면적으로 똑같이 나누면 '50·50'이 된다고 주장
2009년	2월 18일	아소 수상, 메드베데프 대통령과 회담, 영토문제 해결에 '독창적이고 틀에 사로잡히지 않는 접근'을 하는 것에 합의
	5월 20일	아소 수상, 국회에서 북방영토가 '불법 점거'되고 있다고 답변
	7월 3일	일본 국회, 「북방영토 문제 등의 해결 촉진을 위한 특조법 개정안」에 '고유영토' 규정 추가

2010년	9월 7일	중국 어선, 센카쿠 열도에 접근. 일본의 순시선에 부딪혀 도주하다가 선장 일행 체포. 중일관계 극도로 긴장
	11월 1일	메드베데프 대통령, 쿠나시르 섬 방문·시찰
2011년	2월 7일	간 수상, 메드베데프 대통령의 쿠나시르 섬 방문을 '용서하기 어려운 폭거'라고 비난
2012년	4월 16일	이시하라 신타로 도쿄 도지사, 센카쿠 열도를 지권자地權者에게 매입하는 방향으로 기본 합의했다고 발표
	7월 3일	메드베데프 수상, 쿠나시르 섬 방문 시찰
	8월 10일	이명박 대통령, 독도 방문·시찰. 일본, '고유영토'의 상륙이라고 항의
	8월 15일	홍콩의 운동가, 댜오위다오 상륙. 14명 체포, 불법 입국자로 강제 송환
	8월 17일	일본 정부, 다케시마 문제를 국제사법재판소에 제소하겠다는 방침 발표
	8월 22일	노다 수상, '시마네 현 다케시마에 상륙한' 것 등에 대해 항의 친서를 이 대통령에게 보내다. 한국 수령 거부. 중의원, 다케시마 상륙 항의 결의와 센카쿠 열도 상륙 항의 결의 가결
	9월 11일	일본 정부, 센카쿠 3도의 국가 매입 실시. 중국 정부, '국유화'에 강경 항의
	9월 15일	반일 시위가 중국 각지에서 일어나고, 칭다오青島 등에서 일본 기업 파괴
	9월 18일	만주사변 유조호柳條湖 사건 기념일, 반일 시위 최고조에 달하다

동북아시아 영토문제,
어떻게 해결할 것인가

대립에서 대화로

2013년 3월 22일 1판 1쇄

지은이 │ 와다 하루키
옮긴이 │ 임경택

편집 │ 경현주·조건형·진승우
표지 디자인 │ 김상보
본문 디자인 │ 백창훈
제작 │ 박홍기
마케팅 │ 이병규·최영미·양현범

출력 │ 한국커뮤니케이션
인쇄 │ 한승문화사
제책 │ 정문바인텍

펴낸이 │ 강맑실
펴낸곳 │ (주)사계절출판사
등록 │ 제406-2003-034호
주소 │ (413-756) 경기도 파주시 문발동 파주출판도시 513-3
전화 │ 031) 955-8588, 8558
전송 │ 마케팅부 031) 955-8595 편집부 031) 955-8596
홈페이지 │ www.sakyejul.co.kr   전자우편 │ skj@sakyejul.co.kr
독자카페 │ 사계절 책 향기가 나는 집 cafe.naver.com/sakyejul
페이스북 │ www.facebook.com/sakyejul
트위터 │ twitter.com/sakyejul

값은 뒤표지에 적혀 있습니다. 잘못 만든 책은 구입하신 서점에서 바꾸어 드립니다.

사계절출판사는 성장의 의미를 생각합니다.
사계절출판사는 독자 여러분의 의견에 늘 귀 기울이고 있습니다.

ISBN 978-89-5828-663-9 93340

이 도서의 국립중앙도서관 출판시도서목록(CIP)은 e-CIP 홈페이지(http://www.nl.go.kr/ecip)와
국가자료공동목록시스템(http://www.nl.go.kr/kolisnet)에서 이용하실 수 있습니다.
(CIP제어번호: CIP2013001322)